Dans la tête des black blocs

Thierry Vincent

Dans la tête des black blocs

Vérités et idées reçues

Éditions de L'Observatoire

ISBN : 979-10-329-2344-3
Dépôt légal : 2022, septembre

170 *bis*, boulevard du Montparnasse, 75014 Paris

À Bastien et Éliana.

Avant-propos

Le 18 mai 2016, la police exprime son ras-le-bol au cours d'une manifestation. Après tout, elle a le droit, elle aussi, de protester. À l'appel des syndicats policiers, les agents se réunissent place de la République, à Paris, fief des contestataires, dans le cadre du mouvement Nuit debout. Pour les anti-loi travail, c'est une provocation, et des appels à contre-manifester circulent sur les réseaux sociaux.

Aux abords de la place, les contestataires déambulent devant un important dispositif de police et de gendarmerie. On se scrute, on tâte le terrain, mais les forces de l'ordre interviennent, d'abord avec mesure, à chaque abcès de fixation. Néanmoins, un groupe de plus en plus nombreux parvient à s'approcher de la place et tente de forcer le passage. S'ensuit une véritable mêlée de rugby à l'avantage des contre-manifestants. Je suis au milieu, parvenant à filmer tant bien que mal. Les forces de l'ordre ne contiennent la foule qu'en faisant usage de leurs boucliers, matraques et gaz lacrymogène. Un homme, à visage découvert, crie : « La place de la République, emblème de la contestation, est aujourd'hui occupée par les forces fascistes. »

Avec difficulté, les gendarmes quasiment encerclés repoussent les assaillants. C'est alors que ces derniers repèrent un cordon un peu moins conséquent que les autres, composé pour moitié de gendarmes et pour l'autre de flics, dans une rue perpendiculaire allant vers le nord-est de Paris. En grande supériorité numérique, les émeutiers passent sans difficulté, devant des forces de l'ordre résignées. Survoltés, les manifestants s'y engouffrent, en criant : « Paris, debout, soulève-toi ! » Ils accélèrent le pas, il me faut courir caméra à l'épaule, tout en filmant, prenant bien soin de ne le faire que dos aux manifestants pour éviter toute possibilité d'identification. Ils se retrouvent sur le canal Saint-Martin, prenant sur la gauche, quai de Valmy. C'est alors qu'un malencontreux hasard se produit : les manifestants croisent une voiture de police qui n'a rien à voir avec la répression de la manifestation. Qu'importe : quelques personnes, qui ont revêtu leurs habits noirs, entre dix et vingt tout au plus sur les cent à deux cents manifestants, s'en prennent au véhicule. L'un fracasse le pare-brise arrière, l'autre jette un fumigène dans l'habitacle (et non pas un cocktail Molotov comme l'ont dit les médias dans un premier temps). Côté conducteur, un homme frappe le policier qui sort son arme, puis se ravise. Il sort du véhicule et fait face à la foule. Un manifestant lui donne des coups d'une tige flexible, coups qu'il pare avec virtuosité et sang-froid. L'assaillant finit par partir.

Je suis pour ma part dans la rue de l'autre côté de la voiture, côté passager. Alors que de la fumée commence à se dégager du véhicule, une policière à bord semble tétanisée, figée, incapable du moindre geste. Un homme « en civil » et non masqué lui ouvre la portière : « Sortez madame, sortez, venez avec nous. » Il la prend par le bras et l'emmène vers l'avant de la voiture, alors que les manifestants sont derrière. La rumeur a un temps couru que le sauveteur de la policière était lui-même un flic en civil. En ayant recoupé plusieurs sources, je peux affirmer aujourd'hui qu'il s'agissait bien d'un militant pacifique.

La scène fait la une des JT. Une pancarte, sur laquelle est inscrit le slogan « Poulets rôtis », déposée après l'incendie de la voiture à l'endroit même où a eu lieu cet événement, est largement reprise par les médias pour illustrer une haine meurtrière de la police, voire accréditer l'hypothèse d'une préméditation.

Dès le soir, le principal mis en cause, Antonin Bernanos, 22 ans à l'époque, déjà fiché pour ses activités dans le milieu radical, est arrêté. Chez lui, les policiers trouvent de la littérature d'ultragauche, ce qui n'est guère surprenant puisque Bernanos assume ses idées politiques radicales. Il est soupçonné d'avoir frappé le policier. Sept autres personnes sont interpellées, dont un inconnu des services de renseignement, Nicolas Fensch, informaticien au salaire confortable et ancien militant gaulliste ! L'homme s'est radicalisé en quelques mois, après être allé, un peu par hasard, à une manif contre la loi travail où il a été témoin, dit-il, d'une répression farouche qui l'a révolté. L'homme est inconnu et des services de police et des milieux militants. Autre profil étonnant, une Américaine, elle aussi inconnue au bataillon, comme Nicolas Fensch.

Antonin Bernanos nie les faits. Il est pourtant accusé par un témoin sous X. Mais ce dossier judiciaire connaît une incroyable bévue : le nom du témoin apparaît dans un procès-verbal. Il s'agit d'un policier des services de renseignement, chargé de surveiller les milieux d'extrême gauche. Dès lors, la suspicion s'installe : et si le policier en question avait donné le nom d'une personne qu'il a simplement reconnue dans la manifestation sauvage, Bernanos ayant une fiche longue comme le bras ?

Qu'importe : cette attaque violente et filmée qui passe en boucle sur les chaînes d'info deviendra, pour le grand public, le symbole de la dangerosité des black blocs, ces groupes vêtus tout de noir, qui viennent d'apparaître massivement en France. Finalement, sept personnes seront condamnées dans ce dossier qui connaîtra un très fort retentissement médiatique, un vertigineux tourbillon dans lequel je vais, à mon corps défendant, me trouver entraîné. C'est toujours le risque lorsque l'on suit depuis longtemps les black blocs, et que la police sait que vous y avez des contacts.

Les black blocs effraient autant qu'ils fascinent et suscitent des fantasmes : quoi de plus mystérieux et intrigant qu'une masse anonymisée par des cagoules et des vêtements noirs, tous identiques, un bloc dont on oublie qu'il est aussi une somme d'individualités ? Avant de se lancer dans son analyse, il faut rappeler quelques vérités simples mais largement ignorées du grand public : le black bloc n'est pas une organisation militante. C'est un mode opératoire qui joue sur l'anonymat, la solidarité de groupe, la surprise, la mobilité et un apparat impressionnant : un groupe en noir et cagoulé a forcément quelque chose de politico-militaire. Cette méthode est née en Allemagne, dans les années 1980, pour affronter la police lors d'évacuations de squats. Puis la technique s'est petit à petit répandue à travers le monde, à l'occasion de grandes réunions internationales, comme le sommet de l'OMC à Seattle en 1999 (écourté à cause des violences), le G7 de Gênes en 2001, ou encore celui de l'OTAN à Strasbourg en 2009. En France, la technique du black bloc est apparue massivement en 2016 à l'occasion de la contestation de la loi travail.

Le black bloc désigne ainsi un mode opératoire et non les militants radicaux qui le composent comme dans le langage courant. Faute d'autre terme et par commodité, j'emploierai cet abus de langage, en parlant de black bloc(s) au singulier ou au pluriel.

Les blacks blocs et moi

J'ai une histoire avec les black blocs, issue d'une fascination à la fois morbide et idéaliste pour le noir anarchiste, à moins que ce ne soit par pure curiosité journalistique, mâtinée d'un certain attrait pour les marginalités. Un peu de tout cela, probablement. Depuis dix ans, je suis, dans le cadre de mon travail de journaliste, les milieux radicaux d'ultragauche. J'ai noirci des dizaines de pages sur le sujet, usé un nombre incalculable de cartes mémoires de caméras. Je me suis retrouvé au milieu d'affrontements violents, parfois la peur au ventre. Violence dont j'ai été moi-même victime : blessé deux fois lors de charges de CRS bien qu'identifié comme journaliste, frappé une fois par un black bloc me visant à titre personnel, tandis que d'autres s'interposaient. Dans les trois cas, je n'ai pas porté plainte, considérant que j'avais accepté ce risque. Pour un reportage diffusé dans *Envoyé spécial* (« Nous sommes tous des casseurs », 2017), j'ai suivi des black blocs pendant près d'un an.

Depuis, j'ai gardé des contacts dans les milieux d'ultragauche. J'y ai noué des sympathies et attisé de franches hostilités. J'y ai « des amis » et des « ennemis » – j'insiste sur les guillemets. Au fil du temps, j'ai acquis la confiance de certains, mais aussi échoué à briser la défiance d'autres, hostiles aux médias en général.

Pour ce livre, certains radicaux ont accepté de parler, d'autres non. Pour ceux qui ont refusé tout contact, je m'appuierai sur leurs textes et communiqués expliquant leurs actions. J'essaierai de faire abstraction de leur hostilité et de faire preuve d'équité.

Je ne prétends pas à l'objectivité journalistique qui est selon moi une fiction. Le journaliste est un sujet pensant lui aussi, avec sa sensibilité, ses opinions, son vécu. Je prétends à l'honnêteté journalistique, ce qui est tout à fait différent. Mes propres opinions politiques n'ont en soi pas grand intérêt. Ayant autant travaillé sur l'extrême droite que sur l'extrême gauche, je dois néanmoins, par honnêteté, affirmer ma propre subjectivité sur le sujet : si je n'ai jamais milité dans aucune organisation, si je ne me considère pas comme un journaliste militant, je ne mets pas ultradroite et ultragauche sur le même plan. J'ai une réelle répulsion pour la violence d'où qu'elle vienne, mais comment mettre sur le même plan une émeute, même violente, fondée - au moins dans le discours - sur la quête d'un monde meilleur, et de lâches exactions racistes, résultant de pulsions haineuses, revendiquant un monde régi par la loi du plus fort, où la violence est une finalité, non un « mal nécessaire », comme le disent parfois les activistes du bloc ? Ainsi que le formule très simplement un de mes amis avocat, plutôt de droite, « la grande différence entre l'extrême droite et l'extrême gauche, c'est que l'extrême gauche, ça part d'une bonne intention ».

Autant le dire clairement : j'ai toujours préféré l'excès d'utopie au nihilisme haineux, le rouge vif d'une émeute à la noirceur mortifère d'une ratonnade, le combat contre un ordre jugé inique à l'exaltation de la force comme valeur en soi, l'ardeur flamboyante d'une révolte à la froideur glaçante de son écrasement. La promesse de lendemains meilleurs au fatalisme de la résignation. L'élan passionnel d'une vie projetée vers un futur radieux et utopique plutôt qu'un attachement obstiné à un présent figé, morne et rassurant. Malgré des pratiques qui me dérangent.

Comment j'ai rencontré les black blocs

« Mais toi, comment as-tu fait pour approcher les black blocs ? », m'ont souvent demandé des confrères. À vrai dire, je ne m'étais jamais posé la question, tant cela ne me semblait pas un exploit. Journalistiquement, ça l'est pourtant un peu : je crois pouvoir dire, avec toute la fausse modestie qui me caractérise, que je suis l'auteur du seul sujet long sur les black blocs réalisé pour la télé. Je replonge dans ma mémoire : comment tout cela a-t-il commencé ?

L'ultragauche est entrée dans ma sphère professionnelle en 2008. C'est alors qu'éclate l'affaire de Tarnac, du nom de ce village de Haute-Corrèze où ont été arrêtés plusieurs militants soupçonnés d'avoir bloqué des voies ferrées et de préparer des actes terroristes, voire des assassinats, selon François Molins, le procureur de Paris à l'époque. D'emblée, instinctivement, je suis sceptique sur cette affaire. J'ai réalisé une enquête pour Canal+ sur cette histoire abracadabrantesque qui fera *pschitt*. Je suis entré en contact avec les mis en examen, en prenant mon temps, en leur parlant longuement, d'abord sans caméra. Le courant est passé. « Tarnac : enquête sur l'ultragauche » a été diffusé en 2010 sur Canal+. C'était la première fois qu'une investigation télévisuelle remettait largement en cause la thèse d'un groupe terroriste. La suite m'a donné raison puisque, dix ans plus tard, les mis en examen seront tous blanchis. Le sujet fut bien accueilli dans le « milieu ». J'ai également réalisé un reportage sur les anarchistes grecs, « Grèce, vers la guerre civile ? » (2013), qui a été bien perçu des connaisseurs du pays.

Parallèlement, je me suis intéressé depuis une vingtaine d'années à l'extrême droite. J'ai beaucoup écrit dessus, j'en ai, je crois, une fine connaissance. En 2013, les agressions commises par l'extrême droite commencent à se multiplier en France. Je pressens que le phénomène va s'amplifier. Guy, un enseignant d'ultragauche avec qui j'ai sympathisé il y a longtemps, me recommande auprès du groupe Réfle(x)es, un groupe antifa spécialisé dans les enquêtes sur l'extrême droite, dont les responsables sont inconnus, et de la police, et de l'extrême droite, qui cherche à les identifier depuis des années. Très certainement la meilleure source d'informations sur la question. Un groupe d'inspiration libertaire qui parle rarement aux journalistes. Je rencontre Franck, le plus ancien de ce groupe qui existe depuis les années 1980. Une rencontre informelle prévue pour une simple et brève prise de contact mais qui se prolongera des heures.

Je propose à Canal+ une enquête sur le sujet. J'en ai fait part à Franck, enthousiaste sur l'idée mais très sceptique sur le fait que ma chaîne suive. Il a raison : à Canal+, c'est niet. Symptomatique du flair de ces dirigeants de chaînes qui ne sont jamais issus du journalisme, mes responsables ne croient pas du tout à la réalité du phénomène. Ils auront malheureusement tort.

Le 6 juin 2013, Clément Méric, un jeune militant antifa, brillant élève à Sciences Po tout juste âgé de 18 ans, est tué par des skinheads au cours d'une bagarre à Paris. Il aura fallu ce drame épouvantable pour que ma très incompétente hiérarchie se réveille. Mes supérieurs sortent de leur torpeur qui caractérise ces médiocres cadres sup pour me demander de foncer. En me donnant évidemment des délais irréalistes.

Je prends contact avec des militants de l'action antifasciste Paris-Banlieue, dont faisait partie Clément. Ils sont tous traumatisés. Ils ont envie de porter cette affaire sur la place publique mais se méfient à juste titre des journalistes qui, dans les grands médias, renvoient dos à dos deux bandes d'extrémistes violents. Le fameux préjugé « les extrêmes se rejoignent ». Pourtant, si l'extrême gauche fait parfois le coup de poing contre les « fachos », l'équivalence est impossible ; c'est l'extrême droite qui agresse des personnes en raison de leur look ou couleur de peau. Ce sont ses militants qui suivent des activistes de gauche jusqu'à leur domicile, qui leur envoient à leurs adresses personnelles des menaces de mort. Ce sont eux qui tuent. Pas l'inverse. Le sujet diffusé en novembre 2014 documente sérieusement ces violences. La presse en fait une critique élogieuse. Les militants me remercient d'avoir fait un sujet honnête.

Quand éclate sans prévenir la violente contestation de la loi travail en 2016, qui tourne de plus en plus à l'émeute, je vais filmer, seul, avec une petite caméra. Je vais au plus près des affrontements. Il faut quand même faire attention. Les militants que je connais me préviennent que lors d'une manif agitée, ils ne pourront pas me protéger. Je filme néanmoins, en restant vigilant sur l'éventuelle agression d'un activiste survolté, sur les charges de police ne ménageant pas les journalistes même identifiés comme tels, des projectiles souvent tirés trop court et tombant largement devant les cordons de CRS. Quand je filme carrément au milieu du bloc en période d'accalmie, je demande systématiquement aux militants si je peux les filmer de dos. Ils acceptent la plupart du temps.

En leur garantissant l'anonymat le plus total, j'interviewe des éléments du bloc sur la longueur et sur le fond dans des endroits plus calmes. Complètement anonymisés, évidemment, quitte à leur faire porter des vêtements qui ne sont pas les leurs.

Le sujet que j'en tire, diffusé dans *Envoyé spécial*, est généralement perçu dans les milieux d'ultragauche comme équilibré. Il leur donne la parole sans, je crois, la trahir ni la caricaturer au montage. « C'est la première fois qu'on voit un sujet honnête à la télé », me complimente l'un d'eux. Pas de fausse modestie : je reconnais en éprouver une certaine fierté.

1.

Les idées du bloc

Les totos et les casseurs

Souvent employés indifféremment, les termes *black blocs* et *casseurs* recouvrent des réalités différentes, comme l'explique un black bloc interviewé sur LCI le 1er mai 2019 : « Le black bloc casse, mais casse les symboles du capitalisme. Les casseurs cassent tout ce qu'ils trouvent pour piller ensuite. » Une distinction que font aussi les policiers de terrain : « Ce ne sont pas les mêmes individus ni les mêmes problématiques, estime Alain Vastel, ancien CRS, secrétaire national SGP/FO en charge des CRS. Les casseurs viennent en manif par opportunité, parce qu'ils savent que le désordre leur permettra de piller des magasins, ou même voler d'autres manifestants. Ou se défouler en cassant n'importe quoi ou en agressant les forces de l'ordre. Ce sont souvent des banlieusards qui se foutent de la politique. »

Le casseur n'est donc pas un manifestant, il n'a pas de revendication particulière mais profite de l'opportunité du chaos pour se livrer à des pillages ou à de menus larcins, voire à des violences gratuites. Dans bien des mouvements sociaux, des casseurs se sont agrégés dans des manifs.

En 1994, le contrat d'insertion professionnelle (CIP), sorte de contrat de travail moins contraignant pour l'employeur et censé faciliter l'embauche de jeunes, suscite de vastes mobilisations sociales. Régulièrement, des bandes, venues, selon la presse, des quartiers populaires de banlieue, se mêlent aux manifs pour casser et piller des magasins de vêtements et de matériel dernier cri. Des journalistes sont frappés, des caméras cassées. Le 31 mars 1994, à Paris, le quartier de Denfert-Rochereau à Paris est transformé en champ de bataille : deux cents véhicules endommagés, une quinzaine incendiés, une dizaine de magasins pillés.

D'autres scènes de violence gratuite encore plus effrayantes se sont produites au printemps 2006, lors de la mobilisation contre le contrat première embauche (CPE). Selon la presse, des bandes venues des banlieues déshéritées sont venues délibérément « casser du flic » et voler les portables ou autres effets personnels des manifestants lycéens. En fin de manif, les images des Invalides transformés en véritable champ de bataille sont glaçantes : des ados se font dépouiller, frappés à terre. Le 24 mars 2006, *Le Monde* publie un reportage qui fait froid dans le dos : le journaliste a suivi une bande de cinquante jeunes venus de Drancy et Bobigny, affirmant qu'ils n'en ont rien à faire du CPE, distribuant balayettes, tabassages en règle et se livrant à des arrachages de portables[1].

Ce genre de violences massives ne s'est plus vraiment reproduit. Il y a eu néanmoins des pillages lors du

1. « Au cœur d'une bande du “9-3”, le plaisir de la violence », Luc Bronner, 24 mars 2006.

mouvement des Gilets jaunes, notamment le 16 mars 2019, quand une bijouterie Swarovski a été dévalisée.

Les activistes du black bloc n'ont pas grand-chose à voir avec les casseurs décrits ci-dessus. Oui, les black blocs cassent, mais ils revendiquent une casse ciblée (nous discuterons plus loin de la pertinence de ce « ciblage »), visant ce qu'ils considèrent comme étant des symboles du capitalisme : banques, assurances, agences immobilières, fast-food, etc. Les petits commerces, cafés, restos, boulangeries, sont épargnés. Ils sont militants, souvent également engagés dans l'associatif, et animés d'une révolte anticapitaliste qu'ils espèrent, par ces dégradations symboliques, faire partager au plus grand nombre.

Ce message est difficile à faire comprendre au grand public, qui ignore très largement que cette casse se veut ciblée. C'est que la casse reste la casse, la violence reste la violence, et elles sont rarement populaires.

Conscients de cela, parfois – mais rarement –, les black blocs laissent quelques tags pour expliquer leurs forfaits. Ainsi, le 1er mai 2022 à Nantes, cette inscription : « Vous remarquerez que Vins & Marée n'a pas été dégradé. L'émeute est réfléchie et ciblée (le plus souvent). » Et sur cette vitrine de banque explosée : « Les banques sont responsables de la destruction de notre planète et les médias arrivent à nous faire pleurer pour des vitrines. »

Que valent ces maigres notes d'intention par rapport à cette image d'une jeune femme tentant d'en venir aux mains avec un pompier qui éteignait un feu de rue le même jour, 1er mai 2022 ? Ce sera bien sûr l'image marquante de ce 1er mai, celle qui restera, celle qui, à juste titre, choquera la population. Elle a aussi énervé pas mal d'activistes : « On avait vraiment besoin de cette abrutie, s'emporte l'un d'entre eux. Là, on a voulu faire une tentative d'explication sur notre pratique de la casse ciblée. Les médias passent leur temps à nous diaboliser et là, l'autre écervelée, elle leur sert sur un plateau. »

Il existe bien une frange des black blocs relevant davantage du hooliganisme que d'autre chose. Elle est difficile à évaluer, mais bien réelle, de l'aveu même de militants radicaux. « Il faut le reconnaître, certains sont nihilistes, pas vraiment animés d'une idéologie quelconque mais portés par l'adrénaline et un goût prononcé pour la violence et le virilisme. C'est une minorité, mais elle existe », concède une militante féministe qui participe au black bloc. Je me souviens de ce tag, vu sur un mur à Exarcheia, le quartier anarchiste d'Athènes : « For nothing, against everything » (« Pour rien, contre tout »). On ne saurait mieux exprimer vide idéologique plus sidéral. C'est cette frange qui correspond à l'image médiatique, instinctive, qu'on se fait souvent du black bloc.

À ces nihilistes sectaires, les activistes politiquement plus structurés ont donné un surnom : les « totos », diminutif d'autonomes. Un sobriquet plutôt mal choisi, tant l'idéologie et les textes théoriques des autonomes « authentiques » des années 1970, à leur apogée, sont construits et plutôt intellos[1]. Pour résumer, le terme

1. Le plus connu des autonomes est le philosophe italien Toni Negri, longtemps réfugié en France, qui bénéficie d'un certain prestige dans les milieux intellectuels.

péjoratif de « toto » est devenu synonyme de « bourrin ». Des activistes qui s'adonnent à la violence pour la violence et qui ne réfléchissent pas beaucoup plus loin que le bout de leur cagoule.

Le problème est que, par construction, ces « totos », je n'ai pas pu discuter avec eux. Ils ne parlent pas aux journalistes. Je les ai aperçus, de loin, de très loin, par leurs écrits sommaires et violents, leurs actions, leur virulence lors des manifs. Une seule fois, j'ai eu une très brève et très désagréable rencontre : une avocate proche de l'extrême gauche, aujourd'hui à la retraite, avec qui j'avais sympathisé, m'avait emmené dans un lieu ouvert par des militants d'ultragauche : « Vous verrez, ce sera intéressant pour vous. » Le local, sombre et lugubre, se voulait une sorte de bibliothèque, proposant textes et brochures aussi illisibles que des tracts de Lutte ouvrière. L'avocate m'a présenté : « C'est un ami journaliste, a-t-elle dit, il n'est pas là pour écrire un article, mais par curiosité. C'est quelqu'un de bien, pas comme certains journalistes superficiels. » Les visages des quelques militants présents se sont figés d'un coup, fermés, renfrognés. J'ai immédiatement compris que les précautions de l'avocate étaient vaines. La seule présence d'un journaliste, quel qu'il soit, était parfaitement incongrue. J'ai tout de même essayé d'entamer un début de dialogue : « J'ai l'impression que vous n'avez pas envie de discuter avec moi, c'est votre droit, mais est-ce que je pourrais savoir pourquoi ? »

La réponse a été cinglante : « Parce que tu es journaliste. » Déconcerté, je sors fumer, à l'extérieur du local, avec l'avocate, gênée de cet accueil peu amène. Un militant sort fumer aussi. Je raconte à l'avocate que j'ai le projet d'écrire un livre sur l'ultragauche. Le militant m'entend, il s'approche de moi, très agressif, et me lance tout de go : « Ton livre, on le brûlera. » J'ai envie de lui répondre que ça me rappelle quelque chose, dans notre histoire, mais à quoi bon, à part me prendre une claque ? Un autre s'approche et me demande sèchement de partir : « Ta présence en indispose certains. » Je tourne les talons.

Quelques jours plus tard, je raconte ma mésaventure à une de mes connaissances, militant de l'ultragauche. Il connaît les gars en question. Réaction immédiate : « L'avocate est dingue de t'avoir emmené là-bas ! Ça aurait pu mal finir. Là, tu as vraiment rencontré les plus cons. »

À Belleville, quartier très populaire de Paris, des tracts anonymes ont un temps fleuri sur les murs. À la fois illisibles – textes interminables, police de caractères minuscule pour tout faire rentrer en une seule page, charabia confus, iconographie et verbiage violents : des appels clairs à prendre les armes, des dessins de guerriers, mitraillettes ou fusils à la main. « C'est pas avec ça que tu vas amener le peuple à la révolution », soupire un sympathisant du black bloc, visiblement atterré. À l'école primaire où allait mon fils, près de chez moi, il y a une dizaine d'années, des « totos » particulièrement stupides ont tagué sur le mur : « Libère-toi de tes chaînes, frappe ton maître ». Mon fils me demande de lui expliquer pourquoi « des gens ont écrit ça ». La seule réponse qui me vient à l'esprit : « Parce que ce sont des cons. » C'est sûr qu'une inscription pareille va convaincre tout un tas de parents d'élèves, parfois des prolétaires dans ce quartier bigarré, de faire immédiatement la révolution...

Pour tout journaliste qui filme les manifs – même en étant ouvertement proche de l'extrême gauche –, ou encore pour tout simple manifestant filmant avec son portable, mieux vaut ne pas tomber sur des « totos ». C'est ce qui est arrivé à Gaspard Glanz, un journaliste proche de l'extrême gauche, spécialisé dans le suivi de manifestations, et bête noire des policiers qui l'accusent de provoquer des dérapages qu'il filmera pour ensuite hurler aux violences policières. En septembre 2017, il se fait proprement dégager d'une manif, coups de pied et bousculade à l'appui par ces totos mûs par la haine du journaliste.

Un souvenir personnel, enfin : lors d'une manifestation de radicaux, devant moi, deux hommes ont revêtu des habits noirs et se sont cagoulés. Je leur demande si je peux continuer à les filmer de dos. L'un d'eux me répond : « Oui, c'est bon, même de face, on est équipés, là. » Deux militantes très agressives se ruent sur moi :

« Arrête de filmer ou je te pète la caméra !

– Je ne vous filme pas vous, mais ces deux militants, je leur ai demandé, ils sont d'accord.

– On s'en fout qu'ils t'aient dit OK ! lance l'une d'entre elles, très excitée. Nous on veut pas. »

Je m'énerve, je considère avoir été très correct en ne filmant pas les deux black blocs à leur insu, mais avec leur accord. « Et c'est toi toute seule qui décides pour tous les manifestants si j'ai le droit de filmer ou pas ? », lui lancé-je. Nous ne sommes pas loin d'en venir aux mains, les deux militants qui m'avaient autorisé à les filmer sont partis depuis longtemps, courant dans tous les sens pour harceler la police. D'autres manifestants calment les deux furies : « Laisse tomber, c'est des totos. »

Voilà une réalité qu'il convient de dire plutôt que de nier : il y a, dans le bloc, des excités pour qui les manifs servent avant tout d'exutoire à leur violence, qui viennent dans les manifs pour casser, et guère plus.

Mais résumer les black blocs à ces manifestations de violence éruptive et gratuite, comme le font en général les médias, renvoyer tout ça à une sorte de hooliganisme dénué de sens relève de la paresse intellectuelle, ce qui nous interdit de comprendre correctement ce qui est en passe de devenir un phénomène de société. Le bloc est aussi - voire principalement - composé de militants idéologiquement structurés, avec une culture historique certaine, et dont les actes répondent à une logique politique qui leur est propre. C'est cela qui m'a intéressé : comprendre, et non juger ou condamner.

Pour ce faire, je suis allé à leur rencontre, j'ai participé à des manifestations à leurs côtés (plutôt derrière eux, en réalité), j'ai traîné dans les cafés qu'ils fréquentent, les lieux qu'ils occupent. J'ai longuement discuté avec un grand nombre d'entre eux bien souvent à l'opposé de cette tendance hooligan, malgré des ressemblances de façade. Des blacks blocs qui cassent, certes, mais selon une méthode, une idéologie, un code bien précis.

Ces rencontres, que je décrirai en détail, avec des black blocs structurés politiquement, cultivés, et étonnamment ouverts à la discussion, présentent un biais important, qu'exprime très justement le chercheur québécois Francis Dupuis-Déri[1] : « Quand ils parviennent à interroger des black blocs, les journalistes ont logiquement tendance à tendre le micro à des personnes qui leur ressemblent sociologiquement. C'est la même chose pour moi qui suis chercheur. C'est une loupe déformante à laquelle il faut être attentif. »

Effectivement, ces activistes que j'ai rencontrés, ceux avec lesquels j'ai le plus échangé ne sont pas représentatifs de l'ensemble du milieu. Déjà, le fait qu'ils acceptent de me parler prouve qu'ils sont les plus ouverts (même s'il m'a fallu passer beaucoup de temps avec eux pour les mettre en confiance). « Certains, par principe, refuseront toujours ne serait-ce que de te rencontrer. Le journaliste est par nature un ennemi, un valet du grand capital, voire un collaborateur des flics. Ils ne font pas la différence entre un mec comme toi, journaliste indépendant qui essaie de comprendre, et un type d'une chaîne d'info qui va systématiquement s'en tenir à la version de la police et du pouvoir », m'explique un ancien du bloc, devenu organisateur de concerts. D'autres sont plus cash : « C'est un milieu où il y a plein de crétins, un milieu très sectaire », s'agace un autre activiste, qui, quoi qu'il en dise, fait pourtant partie de ce milieu.

1. Auteur de *Les Black blocs*, Lux, 2003, rééd. 2019.

Casser pour des idées, oui, mais lesquelles ?

Ce que le discours médiatique, bien souvent réduit à la simple peur des casseurs - toute légitime qu'elle soit -, rate souvent, c'est qu'à la différence des nihilistes décrits plus haut, la plupart des black blocs « cassent » au nom d'une idéologie construite. Anarchisme, antifascisme radical, autonomie, ultragauche, marxisme-léninisme, néo-féminisme radical, ou tout simplement révolte brute, viscérale, et parfois confuse contre le système - notamment certains Gilets jaunes ayant rejoint les cagoulés. Les références idéologiques des black blocs sont multiples. Alain Vastel, ancien CRS, professionnel du maintien de l'ordre déjà cité plus haut, reconnaît ainsi bien volontiers aux black blocs la qualité de militants politiques.

Certains termes, abscons pour le profane, méritent d'être brièvement précisés. L'*antifascisme radical* se différencie de l'antifascisme ou antiracisme classique en cela qu'il considère l'extrême droite comme la conséquence d'un capitalisme injuste. « Les démocraties libérales ne sont pas un rempart contre le fascisme, elles sont ce qui le nourrit », me résume un black bloc antifa. Pour lui, le fascisme n'est rien d'autre que la réaction autoritaire du capitalisme lorsqu'il se sent menacé : « Au départ, le fascisme se veut l'alliance entre l'anticapitalisme et le nationalisme, dit-il. Une sorte de socialisme national, contrairement à l'internationalisme marxiste. Dans la pratique, une fois au pouvoir, le fascisme défend le capital et réprime toute forme de contestation ouvrière et syndicale. D'ailleurs, tous les fascismes ont été financés par de grands groupes capitalistes, à commencer par Hitler, qui a bénéficié entre autres du soutien financier d'Henry Ford. » Les groupes antifas sont donc aussi anticapitalistes. Ils ne sont néanmoins pas tous partisans du black bloc, certains se contentant de manifester classiquement, de tracter, ou de documenter les agressions de l'extrême droite, investiguant parfois de manière remarquable sur les différents groupes qui la composent[1].

L'*autonomie*, idéologie complexe avec de multiples tendances, est apparue dans les années 1970 en Italie, avant d'essaimer en France. Pour simplifier, ce mouvement est né en réaction à la toute-puissance autoritaire du Parti communiste italien, qui se voulait l'avant-garde de la révolution. Elle prône l'autonomie du prolétariat à l'égard des syndicats et de toute organisation constituée (y compris les groupes anarchistes, déjà trop structurés à son goût) et exalte l'émeute, l'insurrection et le spontanéisme. Dans les années 1970, des ouvriers et militants révolutionnaires italiens multiplient ainsi les occupations d'usines et de bâtiments désaffectés, contrôlant parfois des quartiers entiers. Ils pratiquent aussi l'auto-réduction dans les transports ou les supermarchés (en clair, frauder dans le premier cas ou voler dans les grands magasins). Des militants se rendent parfois avec des armes de

1. Signalons les remarquables sites La Horde et Réfle(x)es, qui produisent les meilleures investigations sur l'extrême droite, avec ce principe clairement énoncé : « L'extrême droite, mieux la connaître pour mieux la combattre ».

poing dans les manifs et se livrent à la « jambisation » (le fait de tirer dans les jambes[1]). En France, les militants autonomes n'en sont pas arrivés à ces extrémités mais se montraient particulièrement violents dans les affrontements avec la police.

Contrairement à une idée répandue, le terme *ultragauche* n'est pas une appellation policière, mais recouvre un héritage politique bien précis : le communisme de conseil, tel que mis en pratique après la révolution allemande, juste après la Première Guerre mondiale, entre 1918 et 1920, par les partisans de Rosa Luxemburg et Karl Liebknecht. Les décisions étaient prises par des conseils ouvriers autonomes et indépendants de tout parti politique[2]. Ces conseils étaient présents dans toutes les grandes villes d'Allemagne. Une forme de gouvernance qui ressemble beaucoup au mot d'ordre des bolcheviks, « tout le pouvoir aux soviets » mais qui en Union soviétique, ne fut jamais appliqué, le Parti communiste, « parti de révolutionnaires professionnels » selon Lénine, ayant pris le pouvoir total dans les soviets[3]. L'ultragauche se veut

1. La photo la plus connue à ce propos est un cliché en noir et blanc pris le 14 mai 1977 à Milan : on y voit un manifestant tenir un pistolet à deux mains et pointant son arme vers les forces de l'ordre. L'image est devenue emblématique de ces insurrections autonomes. Voir Sergio Bianchi, *Storia di una foto*, DeriveApprodi, 2011.

2. Ainsi, fait méconnu, à Strasbourg, alors ville allemande, ce ne fut pas le drapeau tricolore qui flotta en haut de la cathédrale après le 11 novembre, mais le drapeau rouge. Un conseil ouvrier géra brièvement la capitale alsacienne avant d'être violemment réprimé.

3. Les révolutionnaires allemands furent écrasés dans le sang par une alliance contre nature entre sociaux-démocrates et extrême droite.

donc un communisme anti-autoritaire, et refusant toute concession aux partis « électoralistes ».

En pratique, l'ultragauche désigne aujourd'hui tous les militants - pas forcément violents - se situant à la gauche de l'extrême gauche et qui, contrairement à cette dernière (comme le Nouveau parti anticapitaliste de Poutou et Besancenot), refusent de participer aux élections.

Depuis les années 2010, un curieux mais groupusculaire revival maoïste est venu s'ajouter au tableau, comme en témoignent quelques graffitis que j'ai pu voir après le passage de manifs, type « Mao antifa », ou des autocollants signalant la reparution, sur Internet, de *La Cause du peuple*, héritier du journal éponyme fondé par Sartre et des militants maoïstes en 1968. Un militant black bloc de Clermont-Ferrand m'expliquait ainsi, en 2014 : « Je suis admiratif de la longue marche de Mao. Parti avec quelques dizaines de partisans, il a entraîné tout un peuple derrière lui. »

De même, depuis environ cinq ans, la présence de *féministes radicales* se développe au sein du bloc. Ces néo-féministes se distinguent notamment de leurs aînées par la défense des femmes voilées, qu'elles considèrent comme victimes d'islamophobie, et la défense des travailleurs et travailleuses du sexe comme étant des prolétaires exploité(e)s à défendre, contrairement aux « abolitionnistes ». Pour les féministes radicales, la lutte pour le droit des femmes va de pair avec le combat contre toutes les discriminations de genre, d'orientation sexuelle ou d'origine. Elles se réclament donc aussi de l'antifascisme radical, comme le montre l'apparition en

2019 d'une coordination féministe antifasciste. « Pour moi, le féminisme est indissociable de l'antifascisme et de l'anticapitalisme », explique ainsi une jeune femme proche de cette coordination, et qui participe aussi parfois au black bloc.

Mais la plupart des black blocs se réclament surtout et avant tout de l'*anarchisme*, sans pour autant toujours connaître les subtilités et l'histoire de ce qui fut le courant dominant du mouvement ouvrier jusqu'à la révolution bolchevique. « Être anarchiste, me confie un jeune black bloc, c'est d'abord une révolte brute et radicale contre un autoritarisme injuste et inégalitaire. » Inutile de s'attarder sur l'idéologie anarchiste, qui est bien plus connue du grand public. Précisons néanmoins quelques points : « anarchie » (*anarkia*) signifie en grec « sans autorité ». L'anarchisme n'est donc pas synonyme de chaos, mais de société organisée sans dirigeants et égalitaire. Il est parfois assimilé à la violence de certains groupes ou individus, qui, au XIXe siècle, commirent des attentats (notamment l'assassinat du tsar Alexandre II en 1881, du président français Sadi Carnot en 1894 et du président américain William McKinley en 1901). Mais la violence armée ne fut qu'une des formes de cette idéologie : l'anarchisme donna aussi naissance à l'anarcho-syndicalisme, dont est issue la CGT, fondée en 1895. C'est de cette tradition que se réclame aujourd'hui l'actuelle Confédération nationale du travail (CNT), syndicat groupusculaire (tout au plus 2 000 adhérents), légaliste et ne s'adonnant pas à la casse.

En fait, le point commun entre toutes les différentes tendances idéologiques des black blocs est l'anticapitalisme. Le cri de ralliement des black blocs, prélude à leurs attaques contre la police et à la casse, n'est-il pas : « Ah, ah, anti, anticapitaliste » ?

C'est ainsi qu'ils s'attaquent avant tout, on l'a dit, à quelques cibles privilégiées : banques, compagnies d'assurance, agences immobilières, magasins huppés, chaînes de fast-food, concessionnaires de luxe et autres. « Note bien, m'explique une activiste du bloc, que lorsqu'on brise les vitres des abribus, on ne casse que celles où il y a des pubs, pas celles où il y a les plans ou les horaires des bus. C'est une action antipub, donc anticapitaliste. » Réalité que j'ai pu constater à plusieurs reprises. En d'autres termes, les black blocs s'attaquent à certains biens matériels très ciblés, pas aux personnes, hormis aux forces de l'ordre, considérées non pas comme une somme d'individus, mais comme une force ennemie dans une guerre sociale. Plus étonnant pour le grand public, les black blocs revendiquent même la défense de l'humain avant tout : « Nous attaquons des emblèmes, des entités matérielles et non des individus [...] Ces actions replacent l'humain comme valeur fondamentale face aux objets tant adulés par le capitalisme », peut-on lire sur un tag de revendication retrouvé sur le McDonald's saccagé lors du 1er mai 2019 à Paris[1].

1. Kocila Makdeche, France Info, 19 avril 2019.

C'est pourquoi, si les black blocs cassent, on ne peut les qualifier à proprement parler de casseurs, dans la mesure où ils ne pratiquent pas le vandalisme, même s'il y a eu des dérapages souvent très médiatisés. Ils représentent, en général, une idéologie anticapitaliste structurée et disposent d'une culture politique certaine. Et c'est ainsi qu'on les voit, depuis quelques années, venir par leur violence perturber le déroulement routinier de toutes les manifestations à caractère social, ou presque. Ces manifs auparavant faites de banderoles et ballons des syndicats ou de partis politiques de gauche flottant dans les airs, de militants et sympathisants badins défilant en scandant des slogans répétitifs et rituels, sandwiches merguez et verres de bière à l'arrivée, avant la dispersion tranquille. Ces « manifs à la papa » que les black blocs jugent inutiles : « J'ai compris que défiler mon verre de punch à la main ne servait à rien, alors que tous ces mecs habillés en noir expriment la révolte populaire », m'explique ce jeune étudiant qui a rejoint le bloc.

Il ne s'agit pas ici, bien sûr, de prétendre que « casser pour des idées » serait moralement plus juste (ni moins) que casser gratuitement. Loin de moi l'idée d'encourager cette pratique, mon objectif est seulement de comprendre, d'expliquer, de se mettre dans la tête des militants qui participent au bloc.

Casser, oui, mais quoi ?

Rares sont les petits commerces qui ferment au passage d'une manif (jusqu'au moment où les pavés voltigent ou que la rue est saturée de lacrymos). Ainsi le 1er mai 2021, des affrontements ont lieu entre black blocs et police. Le ciel est embrumé d'un nuage de lacrymogènes insupportable pour les manifestants. J'étais là en tant qu'observateur journaliste, mais les gaz ne distinguent pas les yeux des journalistes ou des manifestants pacifiques de ceux des militants violents. Les employées d'une boulangerie située sur le parcours classique des manifs laissent entrer les manifestants aux yeux devenus rouge écarlate, crachant leurs poumons et hurlant leur douleur. Quelques cagoulés s'y réfugient également, sans inquiéter le moins du monde les deux boulangères, visiblement habituées aux manifs qui dégénèrent. Nous sommes une bonne vingtaine à l'intérieur, et en repartant, une fois les inhalations toxiques dissipées, un des jeunes black blocs s'adresse aux commerçantes : « Merci beaucoup, mesdames, pour votre accueil. » Puis les types ressortent, reprenant leur activité favorite : lancer des projectiles sur la police.

Il y a néanmoins des dérapages dans les cibles visées par les black blocs, tant l'acception de « symboles du capitalisme » est parfois très extensible. Ainsi, un concessionnaire Skoda – qui n'a pourtant rien d'une marque de luxe – a vu ses vitres vandalisées en 2016. Une autre fois, c'est un serrurier qui fait les frais du tourbillon incontrôlé de l'émeute. Alors que j'en fais le reproche à un black bloc qui y participe gaiement, celui-ci me rétorque que « c'est une cible légitime, [car] ce serrurier vend aussi des systèmes d'alarme et de vidéosurveillance », les black blocs ayant en horreur le « flicage généralisé » que constituent, selon eux, ces caméras qui, à Paris, quadrillent les moindres recoins. L'argument semble assez fallacieux, mais il existe, au moins dans la tête de celui qui le prononce. Il constitue un motif, une idée (même mauvaise) derrière laquelle se retrancher, qui sépare cet acte du pur vandalisme.

Une autre fois, j'assiste à une tentative de cassage des vitres d'un Franprix, devant des employés apeurés. Je fais alors remarquer à un cagoulé qui assiste à la scène que ce forfait ne va déranger que les gens du quartier qui y font leurs courses. « C'est un symbole de la grande distribution », me rétorque-t-il mollement, visiblement peu convaincu lui-même. Devant ma moue réprobatrice, il lâche : « Note bien que moi j'y participe pas, t'as raison, c'est un peu limite. » Les vitres du Franprix résistent malgré tout, et d'autres black blocs dissuadent finalement les jeunes exaltés de poursuivre cette attaque absurde.

À Strasbourg, en 2009, c'est une pharmacie qui fut pillée : « On en avait pris plein la gueule, lacrymos, matraques, grenades assourdissantes. On était vraiment véner [énervés]. La pharmacie est le premier commerce qu'on a vu sur notre passage, on n'a pas réfléchi. Certains se sont allègrement servis, peut-être pour soigner les nombreux blessés. »

Ces déplorables pillages de biens sans grand rapport avec le capitalisme existent bel et bien. Mais je crois pouvoir dire, à l'aune de mon expérience étendue de la chose, qu'il s'agit davantage de dérapages que de comportements généralisés. Ce sont des exceptions, pas la règle qui, elle, exige d'agir en conformité avec un objectif politique radical de renversement du capitalisme.

Aux urnes, ou pas ?

Persuadés que ce changement radical ne peut s'opérer par les urnes, dans l'écrasante majorité des cas, traditionnellement les black blocs ne votent pas. « En 2012, j'ai voté Hollande avec enthousiasme, me racontait en 2016 un jeune étudiant qui a rejoint le black bloc au moment de la loi travail en 2016. Puis j'ai vu qu'il menait en fait une politique de droite. Les dirigeants actuels sont de toute façon tenus par les grands intérêts capitalistes, un changement radical ne peut venir que d'une insurrection généralisée. » Un autre jeune black bloc s'en prend lui aux médias « mainstream » : « Les chaînes d'info sont toutes tenues par le grand capital et opèrent une véritable propagande. Il n'y a que la révolte qui peut éclairer les gens. »

« Je ne vais pas voter pour un système que je combats, disait en septembre 2021, Justine, nantaise et activiste du bloc de 26 ans. Mes luttes, elles sont au quotidien, dans la rue, dans les associations de soutien aux migrants et aux classes défavorisées. » Même discours, chez Zoé, 21 ans à l'époque : « Je n'ai le droit de vote que depuis peu, mais ça ne m'intéresse pas, ce n'est pas là que les choses se jouent. Mais s'il fallait vraiment voter, j'opterais pour Poutou. » Même discours clair et net chez ce trentenaire, l'un des animateurs du média militant *Nantes Révoltée*, très lu par l'ultragauche (mais pas seulement) : « Je n'ai jamais voté, et je ne suis pas près de le faire. » Et ce même son de cloche chez Giovanni, 37 ans, qui se revendique de l'autonomie italienne : « Je n'ai voté qu'une seule fois, contre le traité constitutionnel européen, en 2005. Il y avait un véritable enjeu et un choix de société. Une Europe livrée au capitalisme le plus sauvage ou une Europe un peu plus sociale. Mais en tant que militant révolutionnaire internationaliste, il est logique que je ne vote pas aux élections nationales. » L'anti-électoralisme fait l'unanimité.

Il faut toutefois nuancer cette position de principe. Dans un café de la banlieue parisienne fortement marqué à gauche, où on s'apprête à diffuser les résultats du premier tour de l'élection présidentielle de 2022, pour la première fois des radicaux, dont certains se cagoulent et affrontent les forces de l'ordre lors des manifs, se passionnent pour ce scrutin. Comme un seul homme, ils ont voté Mélenchon. « À situation exceptionnelle, pratiques exceptionnelles. Pour la première fois, le fascisme est aux portes du pouvoir, estime Giovanni. Je ne suis pas mélenchoniste, mais c'est le seul qui ne veut pas aller plus loin dans le fascisme. » Dans un brouhaha survolté, à peine audible, la télé crache les premières estimations : 28,6 % pour Macron ; 23,9 % pour Le Pen ; 20,1 % pour Mélenchon. Très beau score du leader de La France insoumise, mais à 3,5 points derrière la candidate Rassemblement national, le match semble plié. Cependant, au fil de la soirée, la *remontada* de Mélenchon grise les militants radicaux : « 22,2 contre 23. 0,8 point d'écart, ça peut passer », s'enthousiasme l'un d'entre eux. Mais non, Marine Le Pen restera devant. Les clients repartent peu à peu, avec la gueule de bois.

Justine, la militante nantaise qui jurait qu'elle ne voterait jamais, a fait le même choix, très majoritaire selon elle dans le milieu militant. Elle a glissé un bulletin « Mélenchon » dans l'urne : « L'antifascisme c'est aussi ça, il ne faut pas s'enfermer dans une posture puriste. Je ne condamne pas les gens qui se sont abstenus, à condition qu'ils militent à côté, fassent de la politique pour changer le réel et se battent contre le fascisme. Pour les autres, je trouve ça indigne, c'est vraiment une posture de privilégiés. » Zoé, qui jurait qu'elle ne voterait jamais, ou alors éventuellement Poutou, n'a pas hésité à opter pour Mélenchon : « Je suis pragmatique », résume-t-elle.

La forte mobilisation de l'ultragauche est-elle un tournant, ou simplement une situation exceptionnelle ? Sylvain Boulouque, spécialiste de l'histoire de l'anarchisme et des black blocs, penche pour la seconde hypothèse : « D'abord, il y a toujours eu une frange des activistes du bloc qui votait. Le black bloc, c'est une pratique. Une fois qu'ils ont enlevé leurs cagoules, certains vont aux urnes. Mais là, c'est effectivement beaucoup plus massif. Mais c'est surtout un vote stratégique de circonstance : éliminer Marine Le Pen. Ça a failli marcher. »

Contre le fascisme, iront-ils pour autant, même en se bouchant le nez, voter Macron au second tour ? Pour l'écrasante majorité, c'est non : « Je refuse de choisir entre l'extrême droite et la droite extrême », tranche Justine, résumant le point de vue général. Il y a cependant des exceptions comme Alain : « Je ne le dis pas trop, mais je vais le faire, confie-t-il. On réglera nos comptes avec Macron après, mais au moins évitons le pire. » Dès après le premier tour, le site *Lille antifa* semblait ne pas exclure, ou en tout cas ne pas condamner, un éventuel vote Macron : « Pas une voix pour les fascistes ! Le quinquennat de Macron sera horrible, et il faudra lutter contre son gouvernement [...], mais l'arrivée de Marine Le Pen serait encore pire. Alors ne votez pas, votez blanc ou votez pour cette ordure [Macron], mais dans tous les cas ne faites pas monter Le Pen. »

Si le site est violemment opposé aux deux candidats, *Lille antifa* ne fait pas pour autant une équivalence entre les deux : un internaute qui qualifie Macron de fasciste se voit rétorquer : « T'as pu voter y'a une semaine et t'aurais pu faire gagner la gauche. Tu peux créer ton groupe d'opposition (même si Macron commence à en interdire), tu peux te balader avec un voile dans la rue, tu peux rejoindre un syndicat, tu peux avoir l'orientation sexuelle que tu veux, même en public, tu peux avorter... Macron pratique une politique détestable, autoritaire, que l'on peut qualifier de préfasciste. Mais il y a tout de même une question d'ordre de grandeur. »

2.

L'histoire du bloc

Berlin année zéro

Berlin-Ouest, début des années 1980. Vitrine de l'Europe démocratique, arrosée à coups de millions de dollars par les États-Unis, la partie ouest de l'ex-capitale allemande se veut un modèle de liberté et un symbole de l'opulence occidentale. À côté, la morne Berlin-Est fait pâle figure. La RDA n'a-t-elle pas construit un mur pour empêcher ses citoyens de fuir le communisme pour la démocratie libérale occidentale et la société de consommation surabondante ? La ville martyre, bombardée, presque entièrement détruite, dont les habitants affamés fouillaient, en 1945, les décombres fumants en quête de nourriture ou de vêtements, est, trente-cinq ans après, l'une des plus riches villes occidentales. Grâce à l'aide américaine et à la croissance des Trente Glorieuses, elle a été entièrement reconstruite. Tout semble aller pour le mieux dans le meilleur des mondes.

Pourtant, la jeunesse allemande et berlinoise en particulier a des poussées éruptives rebelles contre ce capitalisme « exemplaire ». Ingrate envers l'Oncle Sam, elle manifeste régulièrement contre l'impérialisme américain. Contre la génération précédente aussi, celle du nazisme, la même qui a profité de la croissance économique et s'est soudain convertie à la démocratie, occultant son sombre passé. Malgré la dictature prosoviétique de l'autre côté du mur, le marxisme léninisme, ou en tout cas les idées communistes, se répand largement. À la fin des années soixante, c'est à Berlin que la contestation émeutière est la plus spectaculaire d'Allemagne. Le pouvoir réprime violemment les émeutes. Le 2 juin 1967, lors d'une manifestation contre la visite du shah d'Iran, Benno Ohnesorg, militant d'extrême gauche, est tué par un policier d'une balle dans le dos, à bout portant. Preuve pour la jeunesse en révolte que la démocratie occidentale est loin de l'idéal de liberté vendu par les Américains.

Une partie, infime, des contestataires, basculera vers un terrorisme qui fait vaciller le solide édifice démocratique allemand. Quiconque a franchi la frontière outre-Rhin à la fin des années 1970 est sidéré de voir des douaniers armés scruter les véhicules et dévisager leurs passagers. Des affiches exhibent les portraits des militants armés recherchés. Des mouvements clandestins telle la Rote Armee Fraktion (« Fraction Armée rouge », la fameuse « bande à Baader ») ou les Revolutionnäre Zelle (« Cellules révolutionnaires ») bénéficient à Berlin-Ouest d'une certaine sympathie.

Une contre-société s'organise alors : se développe toute une frange de squatters (*Hausbesitzer*), à une époque où le phénomène est marginal en France et ailleurs (sauf à Amsterdam). Cent soixante-dix immeubles sont occupés au début des années 1980. Dans Berlin vitrine du capitalisme, cela fait un peu tache. Philippe, d'origine toulousaine, a la vingtaine lorsqu'il s'installe à Berlin la rouge, pour des raisons à la fois professionnelles et militantes. « Les squatters étaient au moins 7 000, parfois 15 000 selon les années. Il y avait à la fois des étudiants qui cherchaient juste des logements pas chers, des militants et des punks anars. Il y avait une agitation permanente », se souvient-il, un brin nostalgique. Le cliché de la rigoureuse organisation allemande y est bien réalité : « Il y avait un conseil des squats. Si un squat était menacé d'évacuation, 3 000 à 7 000 militants rappliquaient dans l'heure qui suivait. Dans les manifs, il y avait les abrutis pacifistes bras en croix sur la chaussée qui se faisaient immédiatement arrêter. D'autres ont choisi des modes d'action plus radicaux. »

C'est là que certains, dans un souci d'anonymisation, se sont mis à s'habiller en noir. Soudés et solidaires, ils sont en première ligne contre les forces de l'ordre. La police berlinoise appelle ce nouveau mode de contestation radicale *Schwarzer Block*, « bloc noir ». Le black bloc est né.

« Contrairement à aujourd'hui où ils viennent se greffer dans la manif, les militants radicaux vêtus de noir étaient complètement intégrés aux contestations. Chaque squat en fournissait une vingtaine. Ils étaient là au premier rang de la manif pour la protéger. Leur rôle était d'encaisser la première charge pour la ralentir ou la stopper. C'était vraiment un mouvement d'autodéfense. On envoyait les plus aguerris et on n'acceptait personne d'autre dans la ligne du black bloc. Ils étaient toujours au minimum 500. »

Progressivement, la tactique se répand dans toute l'Allemagne, notamment dans les très contestataires

Hambourg et Francfort. Partout dans le pays, les manifs dégénèrent régulièrement en batailles rangées, notamment dans le puissant mouvement antinucléaire de l'époque. Mais ce mode opératoire reste longtemps essentiellement cantonné à l'Allemagne.

Il traverse néanmoins l'Atlantique à bas bruit dans les années 1990, comme le note le politologue québécois, spécialiste des black blocs, Francis Dupuis-Déri, non pas par le biais d'organisations militantes structurées, mais au travers de la contre-culture anarcho-punk, grâce aux tournées de groupes de musique et la diffusion de fanzines. Dupuis-Déri date à janvier 1991 l'émergence du premier black bloc aux États-Unis, à Washington, lors d'une mobilisation contre la guerre du Golfe, pour culminer le 24 avril 1999 à Philadelphie, lors d'une manifestation pour la libération du militant des Black Panthers Mumia Abu Jamal, condamné à mort en 1981 pour le meurtre d'un policier qu'il a toujours nié. Un bloc très important s'est alors formé, composé d'environ 1 500 personnes, narre Dupuis-Déri (alors qu'en général un bloc dépasse rarement quelques centaines d'individus[1]).

La bataille de Seattle

Cette arrivée à bas bruit de la technique du black bloc outre-Atlantique passe néanmoins quasi inaperçue, hormis dans les milieux radicaux. Pourtant, c'est bien chez l'Oncle Sam que pour la première fois, un sommet international est

1. Francis Dupuis-Déri, *Les Black blocs, op. cit.*

écourté à cause de manifestations massive tournant à l'insurrection. Pour la première fois encore, le monde entier va découvrir l'existence des black blocs. Lorsque l'OMC organise sa troisième conférence ministérielle au pays du capitalisme triomphant, à Seattle, sur la côte ouest, elle n'a *a priori* aucune crainte, même si des mobilisations sont annoncées : un contre-sommet est prévu, avec notamment les organisations altermondialistes Consumers International, Earthjustice, Confédération paysanne, Les Amis de la Terre, Greenpeace, Humane Society of the United States, Oxfam International ou encore Sierra Club, et le grand syndicat américain AFL-CIO. Pas de quoi fouetter un chat : il s'agit là d'organisations pacifiques dont la présence n'a pour seul but que de manifester leur opposition au libéralisme débridé. Du moins est-ce ce que pensent les organisateurs et les autorités. Mais ce contre-sommet va aussi drainer des radicaux d'ultragauche qui ont bien l'intention de perturber le sommet.

Dès la veille du sommet, la ville est assiégée par 50 000 manifestants. Certains d'entre eux, vêtus de noir, se cagoulent. L'arrivée des 5 000 délégués des 135 pays participants est retardée. De petits black blocs se forment. Des banques et vitrines de sièges de multinationales sont dégradées. La mairie de la ville et les forces de l'ordre sont rapidement débordées. Les organisateurs sont pris de court. 1999, c'est le tout début d'Internet, qui, grâce à une circulation d'information rapide, permet des mobilisations massives. Et le choix de Seattle n'était pas le plus judicieux. Ville étudiante et très jeune, elle est marquée à gauche et a toujours été à la pointe des luttes sociales. Les bastions contestataires, héritiers de la contre-culture des années 1960-1970 que sont Portland et Eugene (surnommée « la ville des anarchistes ») ne sont qu'à 278 et 400 kilomètres, une distance finalement assez faible à l'échelle des États-Unis. Des Canadiens, anglophones et québécois, sont aussi de la partie.

Les autorités locales vont particulièrement mal gérer ce désordre inattendu. Paul Schell, le maire de Seattle, met en place un couvre-feu ainsi qu'un décret d'état d'urgence. C'est la panique : le maire fait appel à la garde nationale. La police a pour instruction d'ouvrir le feu au cas où les choses dégénéreraient. Fort heureusement, ce ne sera pas le cas. Mais les forces de l'ordre s'avèrent incapables de sécuriser la ville. Le sommet est écourté : pour les organisateurs, c'est une humiliation.

Les images du chaos provoqué par les black blocs tournent en boucle sur les chaînes d'info, qui en sont à leur tout début en cette fin des années 1990. Le monde entier découvre les black blocs. C'est pour ma part la première fois que j'en entends parler. Pour leur première apparition au niveau mondial, les activistes radicaux emportent une victoire fondatrice, qui préfigure le sommet de Gênes en 2001. Mais là, les choses se passeront nettement moins bien.

Gênes, rouge de sang

Le 21 juillet 2001, l'image, puissante, s'étale en une du *Corriere della Sera*, le grand quotidien de centre droit italien : un homme, tout en noir, cagoulé et dont seuls les yeux sont visibles, le poing levé debout, sur une voiture de police renversée. Insolent, l'inconnu brave l'autorité et les dominants du système capitaliste. La photo est accompagnée de cette légende : « Anarchistes déchaînés : une nouvelle fois, guérilla, violences, saccages ». La scène se déroule à Gênes, où est organisé un sommet du G8. Une image faussement symbolique d'une victoire des black blocs. Ce n'est qu'une sorte de baroud d'honneur avant une défaite cinglante et dramatique. Il y aura un mort parmi les manifestants et la ville dévastée. Pendant des années, la police italienne a recherché l'effronté arrogant qui, par cette pose, a eu l'outrecuidance de revendiquer fièrement la destruction d'une voiture de police, comme un défi à l'autorité.

Je l'ai retrouvé, il n'est pas italien contrairement à ce que pensaient les autorités, mais allemand. Il s'appelle Jürgen et a aujourd'hui 56 ans. À l'époque, c'est déjà un habitué des contre-sommets internationaux et leur corollaire : la présence des tout premiers black blocs. Un mois et demi avant cette photo devenue légendaire, il était notamment à Göteborg, en Suède, pour perturber un Conseil européen. Des affrontements très violents ont opposé les black blocs (qu'on appelle à l'époque « casseurs »), équipés de cocktails Molotov et de barres de fer, à la police, devant des habitants médusés, dans ce pays d'ordinaire si paisible. « Regarde, là, c'est moi, et là encore », dit-il, en montrant, un brin nostalgique, des vidéos des affrontements. Il y a même eu quelques tirs à balles réelles, qui heureusement n'ont blessé personne. Pour les perturbateurs, c'est un succès : le dîner des chefs d'État est annulé.

Mais pourquoi dans ces contre-sommets les black blocs choisissent-ils la violence, à la différence de la plupart des organisations altermondialistes ? « Les manifestations pacifiques et la désobéissance civile, finalement, c'est une espèce de chorégraphie, avec chacun dans son rôle, les flics comme les protestataires estime Jürgen. Nous, notre but, c'est de perturber ce déroulement rituel. L'objectif, c'est de créer une TAZ [*temporary autonomous zone*, zone autonome temporaire[1]], où, pendant une durée limitée, la police et l'État seraient absents. Ainsi, on pouvait montrer que l'invincibilité de l'État est un mythe. »

Juste après Göteborg, du 19 au 22 juillet, un G8 est organisé à Gênes. Des militants radicaux d'un peu partout en Europe, galvanisés par leur « succès » en Suède, décident de s'y rendre. En arrivant, c'est la consternation : « À Gênes, il y a un des plus grands centres médiévaux d'Europe. Et là c'était dingue, impossible d'y pénétrer, la police avait mis des grilles en métal partout, scellées au sol. Je n'ai jamais vu ça. » « On avait discuté avec le gouvernement pour éviter les incidents, raconte Christophe Aguitton, du mouvement altermondialiste (et pacifique) Attac, mais Berlusconi est arrivé au pouvoir juste avant le sommet [le 1er juin 2001], en montrant ses muscles, et en prévenant qu'il ne tolérerait aucun débordement.

1. Le terme est le titre d'un livre de l'intellectuel et écrivain anarchiste américain Hakim Bey, en 1991, qui a théorisé cette notion libertaire d'un espace d'où les institutions et les autorités classiques seraient temporairement absentes. Les TAZ sont un peu l'ancêtre des ZAD (zones à défendre) françaises, dont la plus connue est celle de Notre-Dame-des-Landes.

Nous voulions au maximum nous rapprocher le plus possible de la zone rouge, interdite d'accès. Un gros barrage de flics nous a arrêtés, mais on a créé une TAZ, et le but était symboliquement de résister le plus longtemps possible. Et ça n'a pas trop mal marché : certains sont arrivés jusqu'aux grilles avant d'être refoulés. »

Mais le sommet va être le théâtre d'un drame : lors des émeutes, un jeune manifestant de 23 ans, Carlo Giuliani, est tué sous les balles d'un policier qui n'avait aucune formation au maintien de l'ordre et dont la voiture était encerclée par les manifestants. Cet événement provoque de nouvelles émeutes : « La ville a été ravagée. Toutes les banques ont été pétées, mais tous les petits commerces ont été épargnés. » La répression de la police italienne est féroce : « J'étais à l'école Diaz, le centre des altermondialistes, où il y avait aussi *Indymedia* (média indépendant alternatif). C'est là qu'on dormait. Une voiture de police est arrivée, comme une provocation juste après la mort de Carlo. Je le sentais mal, j'ai dit à mes camarades : "On se casse." » Bien lui en a pris : la police pénètre dans le centre et arrête plus de 300 manifestants. Ceux-ci sont retenus pendant trois jours et subissent des sévices épouvantables : certains sont tabassés, d'autres menacés de viol ou sommés, sous la menace, de chanter des chants fascistes. Les policiers mis en cause ont tous été amnistiés en 2006.

Amnesty International parle de la plus grave atteinte aux droits démocratiques dans un pays occidental depuis la fin de la Seconde Guerre mondiale. Le 19 juillet 2017, le chef de la police italienne, Franco Gabrielli, déclare dans le journal *La Repubblica* que des manifestants ont été victimes d'« actes de torture ».

Une défaite en rase campagne des black blocs, en apparence. « Gênes a montré le vrai visage de ce que pouvait être la répression du système capitaliste dès qu'il est contesté », estime Jérôme, un autre manifestant radical. Et surtout, la médiatisation de Gênes fait connaître les black blocs dans toute l'Europe. Ces derniers feront progressivement école et seront désormais présents à tous les sommets internationaux (bien que les dispositifs de sécurité, mieux rodés, les aient ensuite empêchés de semer le trouble avec une répression plus mesurée), et dans des mouvements insurrectionnels nationaux, notamment en Grèce, suite à la mort d'un jeune anarchiste de 15 ans, tué par la police le 6 décembre 2008.

Jürgen est aujourd'hui rangé des voitures, avec une vie familiale et personnelle tranquille. Les black blocs, c'est fini pour lui, même s'il reste proche des milieux radicaux : il tient un bar en Allemagne fréquenté par la gauche alternative et a été longtemps l'un des responsables d'un petit parti d'extrême gauche. Il se montre aujourd'hui critique des black blocs actuels : « C'est devenu un peu une mode, et tant qu'ils se contenteront d'aller se faire du flic pour se faire du flic, ils resteront groupusculaires et rejetés par la majorité. Il faut essaimer nos idées dans la société, s'investir par exemple dans les syndicats, comme je l'ai fait. »

3.

Le bloc arrive en France

« Papa, c'est quoi un CDI ? »

En ce printemps 2006, cette pancarte brandie par un adolescent qui flotte dans le ciel parisien au milieu d'une foule de manifestants résume bien l'angoisse de nombreux jeunes. Le sacro-saint CDI qu'ont connu leurs parents, ce sésame conférant une certaine sécurité de l'emploi, ne sera pas pour eux. À eux, une vie de précarité, avec des contrats de travail au rabais. La France n'avait pas connu de mouvement social d'importance depuis dix ans, lors des grèves de décembre 1995 contre le plan Juppé sur la réforme des retraites et la Sécurité sociale. Et pas de contestations aussi massives de la jeunesse depuis le mouvement étudiant contre la réforme Devaquet en décembre 1986.

Tout a commencé par une annonce en apparence anodine du Premier ministre de droite de l'époque, Dominique de Villepin. Pour, dit-il, lutter contre le chômage des jeunes, celui-ci lance, le 16 janvier 2006, le « contrat première embauche », le CPE. Réservé aux moins de 26 ans, ce contrat d'un nouveau type permet, pendant deux ans, de licencier un salarié sans avoir à en donner le motif. En gros, comme une période d'essai de vingt-quatre mois.

Les syndicats, partis politiques de gauche et surtout la jeunesse sont vent debout : ils y voient un contrat de travail au rabais et la fin du CDI pour les jeunes. Une précarisation de plus sous prétexte de facilitation des embauches et de lutte contre le chômage.

Dès le 7 février, de 200 000 à 400 000 personnes manifestent dans toute la France. Le 7 mars, elles sont entre 400 000 et un million. Quatre-vingts universités sont occupées et le plus souvent bloquées, et c'est toute une jeunesse qui n'avait jamais manifesté qui bat le pavé. Lycéens et étudiants descendent presque quotidiennement dans la rue, en dehors des mots d'ordre des organisations officielles : les syndicats, y compris étudiants, comme l'historique Unef, sont complètement débordés. Les contestations, parfois violentes, se concentrent, hormis Paris, dans des grandes villes étudiantes, comme Rennes, Toulouse, Poitiers, Nantes. Dans cette dernière, la fac est dégradée, tout comme l'École des hautes études en sciences sociales, à Paris. Le 10 avril, du jamais-vu depuis Mai 68, la Sorbonne est évacuée sans ménagement par les forces de l'ordre. Tout un symbole.

Les manifestations dégénèrent presque systématiquement en affrontements avec la police et en dégradations de symboles du capitalisme, comme les banques, agences immobilières ou agences d'intérim. À Rennes, des cocktails Molotov sont lancés contre les forces de l'ordre. Inédit depuis deux décennies, épargnées par des violences politiques majeures. Le pouvoir est tétanisé. La situation est totalement hors de contrôle et le gouvernement n'aura d'autre choix que d'abandonner la partie, en retirant la loi au mois d'avril.

À l'époque, il n'y a pas encore de black blocs en France : « Il y avait des affrontements très violents avec la police, comme jamais depuis vingt ans, se souvient un militant rennais, alors étudiant. Mais la technique de l'anonymisation en noir n'existait pas, il n'y en avait d'ailleurs pas besoin, les caméras de vidéosurveillance étaient rares. Et surtout, les hostilités avaient lieu après la manif officielle. Il faut le reconnaître, elles étaient de notre fait. On allait vers le siège de l'UMP (ancien nom de la droite alors au gouvernement) pour l'attaquer, et c'était la castagne avec les flics. C'était une stratégie délibérée de provocation-répression-solidarité, un peu comme nos aînés autonomes des années 1970. »

Même si surgissent de-ci de-là quelques cagoules noires, pas encore de black blocs donc, mais le mouvement en contient déjà les prémices. « Il y a eu une génération CPE qui a, dix ans après, rejoint les black blocs », explique Jérémy, 16 ans à l'époque, qui a fait partie des hommes en noir quelques années plus tard : « On croisait des autonomes des années 1970 et 1980, à l'époque quadras ou quinquas, qui faisaient en quelque sorte notre éducation politique. Nous, de notre côté, nous étions la génération internet, avec déjà des médias alternatifs, comme *Indymedia*, des moyens pour nous contacter rapidement et nous donner rendez-vous pour une manif surprise. Nous étions complémentaires, c'était comme un passage de relais. »

Un souvenir m'a marqué dans ces manifs que j'ai suivies à l'époque : un homme approchant de la cinquantaine, probablement un ancien autonome des années 1970, regardant avec gourmandise les jeunes s'affronter avec la police, et lâchant, amusé, à un de ses camarades : « Ils sont pas mal, ces petits. C'est bon, la relève est là, nous, on a assez donné. » Cet homme, je le reverrai dix ans plus tard, lors de la contestation de la loi travail en 2016. Malgré des cheveux qui ont blanchi et quelques rides qui creusent son visage, je le reconnais sans problème à son allure svelte et à sa démarche quelque peu sautillante. Il est parmi le cortège des radicaux, scande des slogans anticapitalistes mais ne participe pas aux affrontements. Il se tient parmi ces « boucliers humains », manifestants lambda, qui dissuadent les CRS de charges trop brutales, sous peine de blesser des manifestants n'ayant rien fait d'illégal.

Durant tout le mouvement contre le CPE, les graffitis traduisent cette influence très idéologique qui avait disparu pour laisser place à des revendications purement catégorielles : « Abolition du salariat », « Fin du capitalisme », « À bas l'État, les flics et les patrons », « La propriété c'est le vol », fleurissent un peu partout. « La lutte contre le CPE a été un tournant, renchérit Jérémy. Il a radicalisé une partie des jeunes qui avait 15-16 ans à l'époque et qui ont eu 25-26 ans, dix ans après, lors de l'arrivée massive des black blocs. Et c'est aussi la dernière fois qu'un mouvement social s'est soldé par une victoire. »

OTAN en emporte les vents

Jamais jusqu'alors en France il n'y avait eu de véritables black blocs constitués. Tout au plus quelques « casseurs » disséminés çà et là, s'adonnant à la dégradation de banques et aux affrontements avec la police en fin de manif. En France, le phénomène est encore inexistant, ou très marginal. Mais en ce printemps 2009, les autorités et les services de renseignement s'inquiètent : le sommet de l'OTAN, organisation symbolisant l'impérialisme américain s'il en est, aura lieu à Strasbourg, ville limitrophe du pays des black blocs, l'Allemagne. Dans les milieux radicaux aussi la rumeur court.

« Avec des potes de fac, on a entendu que ça allait chier à Strasbourg avec l'arrivée de black blocs, se remémore James, jeune militant nantais, 20 ans à l'époque. On est partis avec un bus d'Attac – mouvement altermondialiste puissant à l'époque –, les places n'étaient pas chères. J'y suis allé bien habillé, belle chemise et sweat à capuche noir, je savais qu'il ferait chaud, j'avais regardé la météo. Il y avait une espèce de trappe sous le siège, j'y ai planqué mon masque à gaz et mes lunettes. Y avait plein de bus, de contrôles d'identité mais ils n'ont rien fouillé. » Pour James, c'est un baptême du feu : à l'époque, s'il a participé à quelques manifs, il n'a jamais intégré un bloc. Le black bloc, pour lui, c'est un fantasme. « À l'époque, j'étais un peu con, s'amuse-t-il. Dans ma chambre, j'avais une affiche : "Une seule solution, c'est la violence." » Il va vite être mis dans l'ambiance. « Avant même qu'on arrive dans le centre, ça piquait déjà, il y avait un énorme nuage de lacrymos. On a fait arrêter le chauffeur en périphérie, on était à quatre kilomètres de là où ça pétait. On descend et on voit plein de mecs qui s'équipent déjà dans la rue. » Nous sommes le 4 avril 2009.

James rejoint la manif, 10 000 personnes, un chiffre finalement modeste. Mais parmi eux, un bloc de 2 000 personnes environ, le cinquième de la manif ! Un chiffre encore aujourd'hui inégalé en France. Dans la masse, beaucoup d'Allemands, peut-être même une majorité, équipés de cocktails Molotov et de lance-pierres. De violents affrontements ont lieu autour du pont de l'Europe, qui relie la France à l'Allemagne. « Je trouvais ça fabuleux, on a fait reculer les flics, on a pris le pont, je n'ai jamais vu ça. » Un poste-frontière désaffecté est incendié. Une pharmacie est saccagée. « Avec le recul, c'est vrai que c'est pas terrible », estime aujourd'hui James.

La violence monte d'un cran : l'hôtel Ibis qui hébergeait les policiers est incendié. « Là, malgré ma jeunesse de militant quelque peu excité, je me suis dit que ça allait trop loin. Je priais pour qu'il n'y ait pas de victimes, j'ai même eu peur qu'il y ait des morts. » Les images de ces affrontements spectaculaires tournent en boucle sur les JT et les chaînes d'info. Pour la première fois, ces hommes en noir sévissent dans l'Hexagone. Mais si les dégâts matériels sont importants, le bilan humain est heureusement léger : la police recense 49 blessés sans gravité, dont 15 parmi les forces de l'ordre.

Travaille, consomme et ferme ta gueule !

Lorsque le 20 février 2016, la féministe et adhérente du PS Caroline de Haas lance une pétition contre la loi El Khomri, du nom de la ministre du Travail socialiste, elle est loin de se douter du cataclysme qu'elle va déclencher : le plus grand mouvement social depuis au moins vingt ans, une radicalisation à l'extrême gauche d'une partie de la jeunesse et l'apparition massive et systématique des black blocs dans les manifestations en France. Le président Hollande, qui semble avoir oublié son slogan de campagne « Mon ennemi, c'est la finance », soutient la réforme.

Pour résumer, le projet de loi (vite rebaptisée « loi travail ») libéralise le marché du travail, prévoit de plafonner les indemnités de licenciement, retirant ainsi une partie du pouvoir d'appréciation des juges prud'hommaux, permet l'augmentation de la durée maximale hebdomadaire du travail, une moindre majoration des heures supplémentaires, et une possibilité élargie de recourir au travail de nuit. Pour le gouvernement, il s'agit d'améliorer la compétitivité des entreprises : pour la gauche (y compris pour une bonne partie du PS), c'est un recul social majeur et une véritable trahison de la part d'un gouvernement socialiste. Une partie de la jeunesse, notamment étudiante, va se radicaliser : « J'ai voté Verts au premier tour et François Hollande au second, explique Nina, une étudiante de 22 ans qui a rejoint le black bloc à l'occasion de la contestation sociale. Mais avec cette loi, j'ai compris que le vote ne servait à rien. Les dirigeants n'ont en fait plus grand pouvoir et sont entre les mains de la finance et du capital. J'étais une bonne citoyenne qui croyais sincèrement dans les institutions démocratiques, mais là j'ai compris que seule l'insurrection pouvait changer les choses[1]. »

À la grande surprise du gouvernement, qui a pris la chose à la légère, en un mois, la pétition de Caroline de Haas atteint le million de signataires. En mars, les manifestations se multiplient. Le 9, une manifestation nationale à l'appel des syndicats rassemble entre 225 000 et 500 000 personnes dans tout le pays. Le 31 mars, ce sont entre 400 000 et 1,2 million de personnes qui défilent. « Loi travaille », « Travaille, consomme, et ferme ta gueule », « La nuit c'est fait pour baiser, pas pour travailler », les manifestants rivalisent d'imagination dans l'invention de slogans hostiles à la fameuse « valeur travail », chère à l'ancien président Sarkozy et qui apparaît, aux yeux des opposants, comme le fondement idéologique de la loi proposée par le gouvernement socialiste. Quelques incidents sporadiques éclatent çà et là, entre des jeunes et les forces de l'ordre. De petits black blocs se forment. D'abord quelques dizaines de personnes, puis 100, 200... Les défenses se perfectionnent : les radicaux

1. Nina a participé, le 11 mai 2016, au saccage de la permanence du PS à Caen. Durant toute la mobilisation anti-loi travail, une centaine de permanences du parti au pouvoir ont été attaquées ou dégradées, y compris dans de petites villes d'ordinaire très calmes, comme Mende ou Guéret. La façade de la permanence du PS à Grenoble a même essuyé des tirs d'arme à feu, dans la nuit du 21 au 22 mai 2016.

s'équipent massivement de masques chirurgicaux ou de masques à gaz et lunettes de piscine ou de chantier pour se protéger des bombes lacrymogènes, de casques ou de plastrons pour parer les coups de matraque. Et les tirs de LBD 40.

Jadis disséminés au sein de la manif ou relégués en queue de cortège, les radicaux qui s'opposent aux forces de l'ordre s'organisent. Les syndicats sont vite dépassés, à la traîne du mouvement. Les affrontements se multiplient.

Parallèlement, de leur côté, les lycéens, inquiets pour leur avenir dans un monde où les entreprises pourraient licencier à leur guise, se mobilisent également. Plus matinaux que leurs aînés, ceux-ci défilent à part, presque tous les matins, dès 11 heures. Les cortèges, bon enfant, relèvent plus du chahut que d'une manifestation violente : « C'étaient mes premières manifs, raconte Helena, 16 ans à l'époque. La loi travail, ça nous inquiétait pour notre avenir. Mais il faut aussi dire la vérité : c'était aussi l'occasion de sécher les cours et de nous amuser. » Mais les lycéens, qui manifestent sans autorisation, découvrent alors ce qu'est le maintien de l'ordre : nuages de lacrymos et charges de CRS. « Nous étions naïfs, poursuit Helena. On ne savait même pas qu'il fallait une autorisation pour manifester. On marchait tranquillement, sans aucune intention violente, et on s'est fait gazer, charger, matraquer. Ça nous a radicalisés. On était de plus en plus déter [déterminés]. »

Les lycéens, voire des collégiens, entrent alors dans la danse. Les blocus se multiplient. Souvent, des policiers en civil sont là, en surveillance d'on ne sait quelle menace, intimidant parfois les lycéens ou le journaliste qui aurait l'outrecuidance de filmer. Ainsi, j'ai assisté au blocage du lycée Voltaire, dans le 11e arrondissement de Paris. Les flics en civil, sans brassards, provoquent les jeunes : « Toi, tu te casses ou je t'embarque », beugle ainsi un policier à un lycéen un peu excité. Je filme la scène, lorsqu'un autre fonctionnaire me lance : « Toi, t'arrêtes de filmer, ou il va t'arriver des problèmes. » Je fais état de ma qualité de journaliste, ce qui du reste ne change rien légalement : tout citoyen a le droit de filmer sur la voie publique. « C'est la presse », dis-je en sortant ma carte professionnelle. Je me vois opposer un cinglant « J'en ai rien à foutre. »

Mais c'est un événement plus sérieux qui va mettre le feu aux poudres et précipiter une partie de ces jeunes dans les bras des black blocs.

Le 24 mars, comme des centaines d'établissements en France, le lycée Bergson, dans le très populaire et bigarré 19e arrondissement de Paris, fait l'objet d'un blocus. Tables et chaises s'empilent devant l'entrée. Les lycéens, dehors, occupent tranquillement la rue. Les forces de l'ordre interviennent très violemment, molestant plusieurs jeunes. Un lycéen, bousculé par des policiers, se retrouve à terre. « Lève-toi ! », hurle l'un d'entre eux. Le fonctionnaire en uniforme relève le jeune, puis lui assène un violent coup de poing qui le fait voltiger, puis retomber à terre. La scène, filmée, fait le tour des réseaux sociaux et choque l'opinion publique[1]. Les por-

1. Le fonctionnaire auteur du coup de poing a été condamné, le 22 novembre 2016, à 8 mois de prison avec sursis, mais sans

tables des adolescents parisiens chauffent, une chaîne de SMS circule dans tout Paris, donnant rendez-vous le lendemain devant le commissariat du 19e.

S'ensuit une véritable émeute : le lendemain, à coups de pierres ou de pelles, les lycéens attaquent le commissariat central du 19e arrondissement, explosent les vitres et la porte d'entrée. « On était totalement pacifiques au départ, raconte Helena, mais le tabassage de Bergson, ça nous a vraiment véner [énervés]. Du jour au lendemain, on s'est habillés en noir, on s'est masqué le visage et on a mis des lunettes de piscine, comme on avait vu à la télé. Aux manifs suivantes, on a jeté des projectiles sur la police. On est devenus offensifs, et on a rejoint les petits black blocs qui se formaient çà et là. » C'est ainsi que des jeunes, même très jeunes, se joignent aux plus radicaux.

L'Allemagne n'est plus le fief du bloc

Avril 2017. Un black bloc qui me connaît plus que je ne le connais vient me voir pendant un rassemblement statique, histoire de discuter le bout de gras. Il me parle, sans aucune agressivité, de sa critique radicale de la presse, selon lui aux mains du grand capital. De fil en aiguille, nous en arrivons à une discussion sympathique, et l'homme, avenant, me propose de l'accompagner, quelques jours plus tard, à une réunion préparatoire de ce qui promet d'être le rassemblement de tous les black blocs européens : le sommet du G20 de Hambourg, qui

inscription à son casier judiciaire, ce qui lui permet de continuer à exercer dans la police.

aura lieu en juin. J'accepte évidemment avec enthousiasme : c'est pour un journaliste une occasion inespérée, rarissime. Mais pas question pour moi d'y aller en me faisant passer pour un activiste. Moins pour le risque de me faire reconnaître comme journaliste que par souci d'honnêteté. Je lui réponds : « Merci, pour moi c'est super intéressant. Mais je veux qu'il n'y ait aucune ambiguïté : tu me présentes comme un journaliste que tu connais, et tu demandes aux participants si ma présence dérange. »

J'y vais bien sûr sans caméra. La réunion se tient dans un petit lieu associatif, qui organise des projections de films et expose dans une bibliothèque toute une littérature d'extrême gauche, où chacun pioche à sa guise. L'homme qui m'a invité est là. Il y a une trentaine de participants. Comme convenu, le militant me présente : « Voilà, je vous informe que j'ai amené un journaliste de confiance. Il est honnête et m'a demandé de vous le signaler. Ce n'est pas un militant, mais c'est lui qui a réalisé le sujet d'*Envoyé spécial* qui était correct. » À ma grande surprise, les activistes acceptent sans barguigner, m'épargnant ces assommants votes à l'unanimité et ces discussions sans fin dont l'extrême gauche a le secret.

La rencontre ressemble plus à une conférence qu'à je ne sais quel conciliabule clandestin, fantasme médiatique et policier des plus courants. La trentaine d'activistes radicaux qui, dans les manifs, courent dans tous les sens, dans un apparent désordre jubilatoire, sont là sagement assis, studieux, prenant des notes en écoutant les différents intervenants. Une sorte d'amphi miniature. Quelques « conférenciers » se succèdent. L'un explique, diapositives et courtes vidéos à l'appui, les techniques de maintien de l'ordre à l'allemande, où les policiers n'hésitent pas à se battre au corps-à-corps avec les manifestants. Un second se livre à un docte exposé sur la topographie du fameux quartier qui jouxtera le sommet : Sankt Pauli. Sankt Pauli est un mythe pour toute l'extrême gauche européenne, l'un des derniers bastions contestataires d'Allemagne. Le club de foot local, qui oscille entre première et seconde division nationale, est unique en Europe à ce niveau : il se définit comme un club antifasciste. « *Love football, hate racism* », est-il écrit sur la façade du stade. Les supporters doivent signer une charte condamnant le racisme, l'antisémitisme, le sexisme, l'homophobie, et tout type de discriminations. Le quartier accueille aussi le plus grand squat politique d'Allemagne, peut-être même du monde. Il servira de QG aux activistes. Les black blocs joueront en quelque sorte à domicile.

Lors de la conférence, parmi les auditeurs, quelle ne fut pas ma surprise d'y voir Ethan, un type de 20 ans que j'avais vu six mois auparavant lors d'une rencontre organisée par SOS Racisme, mouvement institutionnel et très légaliste, lié au Parti socialiste. À l'époque, le jeune homme adhérait à un antiracisme bon teint, tout à fait légaliste, on ne peut plus politiquement correct. Ethan m'explique qu'après avoir été brièvement dans ce mouvement, il s'est aperçu que « c'était de la merde ». En quelques mois, il s'est radicalisé, estimant que le militantisme « plan-plan » était inefficace. Il a rejoint le bloc au fil des mobilisations contre la loi travail. Il est très enthousiaste à l'idée de se rendre en Allemagne : « C'est le berceau des black blocs, dit-il. Ça va être chouette, là-bas, nul doute que je vais apprendre beaucoup. Une super expérience pour moi. C'est mon premier contre-sommet. J'admire les black blocs allemands, ce sera une bonne formation pour moi, qui débute à peine dans le bloc. » On ne vantera jamais assez les bienfaits de la formation en alternance...

Les autorités allemandes indiquent que les contrôles aux frontières et aux abords de Hambourg seront particulièrement stricts. Ethan m'explique son plan pour les déjouer : il partira avec Hilaire et Azur, deux de ses « camarades ». « On ira sans matos [matériel offensif type ingrédients pour confectionner des cocktails Molotov], il y aura ce qu'il faut sur place. » Ils se feront passer pour des touristes et espèrent ainsi pouvoir accéder à la ville. J'obtiens de pouvoir filmer son départ et de l'interviewer là-bas. Rendez-vous dans le bois de Vincennes. Azur a bien fait les choses : à l'arrière de la voiture, bien visibles, un dictionnaire français-norvégien, un *Guide du routard*, des dépliants touristiques sur la ville de Bergen, censée être leur destination. Azur peut décrire les lieux en cas de contrôle, elle a déjà passé des vacances là-bas, et elle bredouille le norvégien. J'obtiens d'Ethan que je puisse l'interviewer et le suivre dans les manifs.

Je filme le départ de la voiture... la mienne en fait, que je leur prête le temps d'un plan, pour éviter toute identification. Je pars de mon côté avec mon caméraman, Vincent Prado. Excellent professionnel, il a plus l'habitude des grands reportages dans des contrées lointaines et parfois dangereuses que des manifs agitées. Je le briefe sur les black blocs, un peu particuliers à filmer. Il a déjà, comme moi, lunettes de chantier, masque à gaz et casque. « Lorsque la manif est tranquille, s'il y a des cagoulés, tu leur demandes s'ils acceptent que tu les filmes de dos seulement. S'il y a émeute, tu ne pourras pas le faire, filme d'un peu loin d'abord, et rapproche-toi tranquillement jusqu'à ce que tu sentes que c'est un peu chaud. Mais quand ils affrontent la police, en général, ils ont autre chose à penser que s'occuper des caméras. Si quelqu'un te dit d'arrêter, n'insiste pas. C'est le dernier avertissement avant le cassage de caméra. Tu sors de la mêlée. » De mon côté, j'ai aussi une petite caméra moins professionnelle mais plus discrète. L'objectif est de rapporter des images pour l'émission de M6 *Enquêtes exclusives*, qui s'en servira ensuite pour un sujet sur les black blocs dont je ne serai pas l'auteur.

Une fois arrivés à Sankt Pauli, je découvre un quartier hallucinant. Une ville dans la ville, avec 23 000 habitants. Sur chaque immeuble, des banderoles accrochées aux balcons : « No G20 ». Dans la boulangerie où nous allons avaler un sandwich, la sympathique serveuse arbore un tee-shirt « FCK NZS » (« *fuck nazis* »). Dans une taverne où je rentre me désaltérer, je devise sympathiquement avec un grand costaud. Cette fois, le « fuck » s'adresse à Donald Trump. Les librairies regorgent d'ouvrages politiques ou historiques, des classiques d'extrême gauche.

Mais le plus impressionnant, c'est ce majestueux bâtiment rouge et ocre qui trône au milieu d'une grande artère commerçante et passagère : le Rote Flora, trois étages de squat politique, le QG des protestataires, et en particulier des black blocs. Sur la façade, un calicot en français : « Clément, ni oubli ni pardon[1] ». Sur le toit, des militants cagoulés accrochent une immense banderole : « *Gegen jeden Antisemitismus* » (« Contre toutes les formes d'antisémitisme »)[2].

J'appelle Ethan, qui me dit de le rejoindre à l'intérieur ; « Mais surtout ne filme rien », précise-t-il. De toute façon, je n'ai pas ma petite caméra sur moi. À l'entrée, un colosse surveille négligemment les allées et venues, jetant un vague regard sur les nouveaux arrivants mais laissant entrer tout le monde. Dans un excès d'honnêteté tout à fait stupide, je lui dis que je suis un journaliste français. Il hoche la tête comme pour indiquer un non de principe : « *Aber ich werde nichts filmen oder aufnehmen* » (« Je ne filmerai ni n'enregistrerai rien »), insisté-je, tout en pensant, en mon for intérieur : « Mais quel idiot. » « *Trotzdemungern* » (« Indésirable quand même »), me répond-il sur un ton ferme qui ne souffre aucune contestation. J'ose une dernière tentative : « *Aber ich habe Genossen drinnen, die auf mich warten.* » (« Mais j'ai des camarades qui m'attendent à l'intérieur. »)

1. Ce slogan a été adopté par les antifas français en référence à l'un des leurs, Clément Méric, étudiant à Sciences Po de 18 ans, mort sous les coups de skinheads le 5 juin 2013.

2. Pour des raisons historiques évidentes, l'antisémitisme est un thème majeur chez les antifas allemands. Par crainte d'être soupçonnés de cette abjection, les militants d'extrême gauche organisent beaucoup moins qu'en France de manifestations propalestiniennes. Lire à ce propos le très documenté *Antifa. Histoire du mouvement antifasciste allemand*, de Bernd Langer (éditions Libertalia, en collaboration avec le collectif antifasciste La Horde, 2018).

La réponse se fait plus sympathique : « *Genossen ? Geh* » (« Des camarades ? Vas-y. »

À l'intérieur, une immense salle avec bar, buffets, l'un végan, l'autre non, à prix libre[1]. Je retrouve Ethan, Azur et Hilaire. Un très impressionnant grand écran indique les lieux des événements ou manifestations, et même des tweets donnant des informations en temps réel sur l'état et la localisation des forces de l'ordre, les rassemblements spontanés, ceux qui ont besoin de renforts, etc. À disposition des visiteurs, des plans du quartier, avec des points noirs indiquant les différents lieux et dates des manifs précisant si elles sont pacifiques ou pas. « Ouah, c'est quelque chose, l'organisation à l'allemande », s'émerveille Ethan, avec la candeur du novice.

À l'arrière du squat, une terrasse où les activistes profitent du soleil radieux. Ça parle différentes langues d'Europe : anglais, italien, grec, néerlandais, espagnol, et même polonais ou tchèque. Mais l'idiome le plus parlé, et de loin, est le français. À vue de nez, un bon tiers.

De petites manifs s'enchaînent, parfois pacifiques, parfois plus violentes. Près du port de Hambourg, des centaines de black blocs. Nous retrouvons Ethan, que nous filmons anonymement. À l'arrière, des protestataires « en civil ». À la vue des forces de l'ordre, des centaines de participants entonnent, en français, le slogan emblématique de la loi travail : « Tout le monde déteste la police ». Je demande à une manifestante s'égosillant en criant ce mot

1. Les événements organisés par l'extrême gauche sont en général à prix libre : chacun donne ce qu'il veut en fonction de ses moyens.

d'ordre : « Je peux te filmer ? », persuadé qu'elle est française. « *Ich spreche kein französisch, ich bin Östereicherin* » (« Je ne parle pas français, suis autrichienne »), me répond-elle, la voix cassée. Étonné, je lui pose la question :

« *Aber wie kommt es, dass du diesen Werbespruch kennst?* (« Comment se fait-il que tu connaisses ce slogan ? »)

– *Aber das ist in ganz Europa bekannt* (« Mais c'est connu dans toute l'Europe ») », répond-elle comme une évidence.

Un autre manifestant, allemand, parfaitement francophone, se mêle à la conversation : « Nous avons vu la résistance des camarades français face aux attaques sociales et la répression policière du gouvernement. Nous, les Allemands, avons été vraiment impressionnés, des centaines de personnes en noir prenant la tête de la manif et affrontant la police du début à la fin, c'est devenu un modèle pour nous. "Tout le monde déteste la police" est aujourd'hui le cri de guerre de tous les blocs en Europe. »

Les black blocs provoquent la police et avancent dans sa direction. Les forces de l'ordre répliquent avec leur canon à eau et opèrent des charges ponctuelles, avec pour seule arme une toute petite matraque à la main, rien à voir avec les costauds tonfas, boucliers et gazeuses des policiers français. Sans même parler du LBD 40. Même si quelques tirs de mortier visent les forces de l'ordre, la marche ressemble plus à une chorégraphie rituelle qu'aux émeutes comme on en voit en France : chacun dans son rôle, mouvement offensif des black blocs, les flics laissent faire puis contre-attaquent, flux, reflux, nouvelle avancée, pas de blessés ou presque, pas d'arrestations, d'après ce que je vois. Vincent, mon caméraman, se paie gentiment ma tête : « Mais qu'est-ce que tu m'as raconté ? "Faut faire gaffe", tout ça. C'est tranquilou, là. » Ethan est déçu : « C'est quoi, ça ? Des acteurs ? C'est ça, les black blocs à l'allemande ? » Il est vrai que l'Allemagne, le pays qui a inventé les black blocs, est aujourd'hui bien sage. Au fil de l'adoption de lois de plus en plus sévères, les groupements compacts de cagoulés sont presque inexistants, sauf, de temps à autre à Sankt Pauli, et à Berlin lors des 1er Mai où la tradition reste vivace. Des lois ultra-sécuritaires permettent désormais d'envoyer quelqu'un derrière les barreaux pour la simple suspicion d'« appartenance à un black bloc », une notion plus que floue.

Un type en noir, sentant la déception d'Ethan face à cette manif trop sage, chorégraphiée, mise en scène, calme tout de go sa frustration : « *Warte ein bisschen, in einigen Stunden, kommt die Nacht, und das wird sehr unterschiebdlich sein.* » (« Attends quelques heures, c'est bientôt la nuit, ça va pas être pareil. »)

Effectivement, le groupe, de plus en plus renforcé par des effectifs venus d'on ne sait où, part en direction de Sankt Pauli. Entre chien et loup, des poubelles commencent à être incendiées, le mobilier urbain transformé en projectiles. On sent poindre l'émeute. Des dizaines de personnes s'habillent en noir. Une longue rue mais trop étroite pour y déplacer un canon à eau devient le théâtre d'affrontements incontrôlés. Les banques, assurances, vitrines de grands magasins volent en éclats. La police se contente de se placer dans les rues adjacentes et renonce à contrôler la rue en proie aux émeutes. Les cagoulés leur jettent moult projectiles, caillasses (je vois même l'un d'eux avec une fronde), panneaux arrachés, vélos, bouts de bois, plots en métal, quelques cocktails Molotov. Dans la tourmente, on entend les black blocs se parler, ou plutôt crier, pour, comme à leur habitude, tenter de coordonner une organisation des plus improvisées. Ça parle français autant qu'allemand, si ce n'est plus. Comme prévu, Vincent Prado reste un peu à l'écart pour faire des plans larges, tandis qu'avec ma petite caméra, je fonce dans la mêlée, au milieu des affrontements. Dans ce joyeux désordre nocturne, nous avons perdu Ethan, probablement occupé à canarder les flics autant qu'il le peut. J'adore ça, je le reconnais, cette montée d'adrénaline, cette plongée au milieu de ce subtil mélange on ne peut plus télégénique et, pardon du terme qui choquera certains, presque esthétique, des lueurs bleutées des gaz lancés par la police et de l'ardeur incandescente des flammes qui jalonnent le parcours. Dans ces moments-là, habillé en noir, équipé de masque à gaz et casque, je cours dans tous les sens, suivant les va-et-vient des insurgés. J'oublie complètement les risques. La buée sur mes lunettes de protection m'empêche de voir quoi que ce soit, je tiens fermement ma caméra qui filme. On verra bien ce que j'ai réussi à capter.

À un moment, me mettant légèrement en retrait, pour faire quelques secondes de pause, un cagoulé m'interpelle en français, mi-moqueur, mi-élogieux : « Vous prenez des risques, monsieur Thierry. » Il connaît mon prénom et, au ton familier et rigolard qu'il emploie, je devine que nous nous sommes rencontrés, et pas qu'une fois. Pour moi, impossible de reconnaître cet activiste totalement anonymisé. « C'est juste mon boulot », ânonné-je, ne sachant pas trop quoi lui répondre. « Et moi, mon boulot, c'est là-bas », crie-t-il en repartant au pas de charge canarder la police.

Fait plutôt rare, une supérette est pillée, des bières en ressortent dans les bras de manifestants qui les distribuent à qui veut. Ça donne soif, le black bloc. Ça picole gentiment, ça s'excite et ça tourbillonne, l'ivresse de l'émeute, au propre sens du terme. Et puis les bouteilles vides serviront de projectiles.

Arrivé devant le Rote Flora, où la rue étroite se transforme une petite place bien plus aérée, c'est l'apothéose. Les black blocs sont à domicile. Ils s'en donnent à cœur joie, ça crame de partout, on dépave la rue à coups de burin, les chaises des terrasses de café ou de restaurant sont lancées sur la police, qui reste loin, à deux cents mètres environ, l'objectif étant visiblement que les affrontements ne débordent pas de la zone. Les plus vaillants semblent être les Français qui se sentent pousser des ailes face à la relative modération des forces de l'ordre allemande, qui tranche avec la fermeté et la réactivité de la police française. Par petits groupes très mobiles, ils vont, à la vitesse de l'éclair, au plus près harceler les forces de l'ordre, avant de se lancer dans des assauts inconsidérés, prenant le plus de risques en s'approchant au plus près des policiers. Les Allemands, soudés, défendent et consolident avant tout le terrain conquis.

Jouant de la surprise plus que de la puissance de la tortue romaine, les black blocs français ont fait de leur inorganisation et de leur spontanéité une force qu'ont perdue les Allemands, trop rituels : l'imprévisibilité. Leur attitude combattante force l'admiration. « Eh ben, complètement fous ces Français, ils n'ont peur de rien », glisse un black bloc allemand à un autre.

Face à une répression nettement moins violente que dans leur pays (canon à eau et quelques gaz irritants, pas de charges violentes, pas de caméras de vidéosurveillance), les Français se lâchent sur ce terrain de jeu où nul ne vient contrarier leurs desseins. Ils oublient un peu vite que si la répression immédiate est moins farouche outre-Rhin, les sanctions judiciaires sont autrement plus intransigeantes. Pour avoir négligé ce fait, un black bloc français que j'ai déjà croisé deux ou trois fois, fera quatre mois de prison ferme : il a été reconnu par une vidéo tournée par la police. En attendant, l'émeute et le vertigineux tourbillon qui l'accompagne se poursuivent jusqu'à 4 heures du matin, jusqu'à épuisement ou lassitude des combattants[1].

Avec Vincent, mon caméraman, nous regagnons nos pénates, quasiment à potron-minet. Épuisés, nous nous accordons une très raisonnable grasse mat jusqu'à 11 heures, avant de revenir filmer les stigmates du chaos.

Peu avant midi, stupéfaction : les traces et dégâts de l'émeute de la veille ont presque disparu. Les poubelles

1. Au sujet de cet aspect émotionnellement vertigineux, jubilatoire et enivrant du moment émeutier, lire le très intéressant ouvrage, *Le Vertige de l'émeute*, de Romain Huët (Presses universitaires de France, 2019). Un livre controversé dans la mouvance radicale qui estime qu'il fait trop de place à l'aspect émotionnel et pas assez aux motivations idéologiques, politiques et révolutionnaires de l'émeute.

renversées, bouteilles jetées sur le trottoir, avec divers débris… la voirie municipale a déjà presque tout enlevé. Un dernier arrosage au tuyau et tout redevient nickel. Sur les kiosques à journaux, la presse à sensation fait ses choux gras des « voyous anarchistes » qui ont dévasté la ville. Un peu plus tard, terrible et cruel contraste avec les affrontements de la veille, narguant presque les contestataires en paradant devant le Rote Flora, les policiers montrent clairement qui sont les plus forts. Comme un « allez, assez joué, les gamins, la récré est finie » des plus humiliants. Les « *Ganz Hamburg hasst die Polizei* » (« Tout Hambourg déteste la police ») font figure de dérisoires barouds d'honneur. « Finalement, ça a servi à quoi ce qu'on a fait ? », se questionne, le plus sérieusement du monde, Ethan. Le retour au réel est rude pour celui qui avait idéalisé les black blocs allemands qui ne sont plus que l'ombre de ce qu'ils étaient trente ou trente-cinq ans auparavant. « Finalement, nous les Français, on est bien meilleurs, on sait tenir le terrain, l'occuper le plus longtemps possible, jouer à la fois sur l'improvisation, la surprise, et la solidarité. Et ce dans la durée. Là c'est du folklore. » Il est vrai que depuis plusieurs décennies, aucun mouvement social d'envergure n'a eu lieu en Allemagne, avec son cortège d'hommes en noir épuisant la police par leurs assauts répétés et le fracassage systématique des symboles du capitalisme. L'élève français a largement dépassé le maître allemand. Le stage d'Ethan est un fiasco. « Avant 2016, au niveau black blocs, la France jouait en cinquième division, ironise ce policier des services de renseignement. Maintenant, on est champion du monde. »

Ethan et ses camarades Azur et Hilaire repartent désabusés. Pourquoi faire du tourisme révolutionnaire à l'étranger, alors qu'il y a tellement mieux dans son propre pays ?

4.

Le bloc face aux syndicats

Tous derrière, et eux devant

Nous sommes le 12 mai 2016. Sous un soleil radieux, à Paris, une énième manifestation anti-loi travail tarde à démarrer, comme souvent. L'appel est national et des cars de la CGT sont venus de toute la France. Les terrasses de café sont pleines à craquer, envahies par des chasubles du syndicat. La bière coule à flots, certains commencent à être gentiment éméchés.

Des groupes de jeunes, plus sobres, restent au café ou aux sodas, ou attendent sur la place en devisant tranquillement. Visiblement, beaucoup se connaissent et se saluent chaleureusement. Je vais y faire un tour, tentant de repérer les militants radicaux, qui, à n'en pas douter, revêtiront leurs habits noirs. Intuitivement, je sens que la manif sera chaude.

J'en reconnais certains, notamment une figure appelliste (voir chapitre 5). Sourire aux lèvres, il me dit bonjour avec une certaine bonhommie. Avec son cartable d'homme d'affaires et son blouson de bonne facture, il ressemble à un cadre lambda. « C'est fait exprès », ricane-t-il. Il y a là quelque chose de candide et dérisoire. Ce cadre est connu des services de renseignement, et son déguisement ne trompera bien sûr personne.

Avec une bonne heure de retard, la manifestation s'ébroue. Les syndicats, en tête, arborent leurs traditionnelles banderoles et laissent flotter leurs ballons dans le ciel parisien. Les membres du service d'ordre de la CGT protègent leur cortège, matraques télescopiques en poche et parfois casque vissé sur la tête. Les militants radicaux les ont régulièrement conspués, les considérant comme des réformistes complices du pouvoir, voire collabos.

Au niveau de la gare Montparnasse, des radicaux, dont certains ont déjà enfilé cagoules et vêtements noirs, marchent d'un pas rapide sur les trottoirs : « Allons-y, on va pas se laisser déborder par ces chiens », hurle l'appelliste déguisé en petit cadre modèle, tel un général en chef haranguant ses troupes. Après tout, le mouvement est né d'une révolte spontanée et non pas d'un appel solennel de la CGT, qui n'a fait que prendre le train en marche.

Sur les côtés, les militants radicaux pressent le pas pour dépasser les syndicalistes. Les insultes fusent, quelques pétards et bouteilles en plastique sont jetés sur leur cortège. Pris par surprise, désemparé, le « SO » ne moufte pas.

Au moins une centaine de radicaux en noir, auparavant relégués en fin de manif, sont désormais passés devant les cortèges officiels. Parmi eux, des très jeunes, dont beaucoup sont mineurs. La « génération Bergson ». À la voix fluette, je reconnais Helena, cagoulée et vêtue de noir de la tête aux pieds. « Salut, ça va ? », me lance-t-elle avec sa fraîcheur juvénile qui tranche avec ses habits martiaux de combattante. « Reste ici, bouge pas, ça va chier aujourd'hui, tu vas voir. » La suite lui donnera raison.

D'autres sympathisants, en civil eux, ont rejoint le bloc maintenant bien constitué. La situation est incontrôlée, le SO vieillissant de la CGT n'est plus que l'ombre de lui-même : « Ils ressemblent plus à des enseignants à la retraite qu'à des dockers habitués aux bastons », ironise un activiste du bloc. Les encagoulés sont en roue libre, livrés à eux-mêmes, enivrés par cet espace de totale liberté et surpris de leur propre audace. Ils commencent à s'en prendre aux quelques banques qui sont sur le trajet, ramassent des cailloux ou détruisent du mobilier urbain pour s'en servir ultérieurement comme projectiles, ou pour ériger d'éphémères barricades. C'en est trop pour le service d'ordre de la CGT, qui veut éviter tout désordre et dégradations qui, selon la centrale syndicale, desservent la cause. Soudainement, en rangs serrés, matraques télescopiques ou bâtons à la main, ils chargent le bloc improvisé devant eux. Celui-ci recule dans un premier temps, mais une fois l'effet de sidération passé, il contre-attaque, avec tout ce qui lui tombe sous la main, bâtons, pierres, grilles au pied des arbres, et pots de fleurs piqués chez un fleuriste qui avait la malchance d'être situé au mauvais endroit.

Pour le SO, bien moins aguerri que par le passé, c'est la débandade. Canardé par les pots en terre, il détale et se réfugie derrière un cordon de CRS, offrant aux black blocs, par cette image symbolique, l'illustration visuelle de ce qu'ils dénonçaient quelques minutes auparavant : CGT collabo.

La très brève bataille rangée - quelques minutes à peine - se solde par une victoire sans appel du bloc. On sait maintenant qui est le plus fort. C'est une première dans l'histoire des black blocs : ils ont pris la tête d'une manif et ne la quitteront plus. Le cortège de tête, invention française, est né : « À partir de là, il y a eu comme un deal tacite entre eux et nous, me dit un jeune en noir : vous nous laissez faire ce qu'on veut devant, affronter la police et détruire banques ou assurances, vous vous contentez d'encadrer votre propre cortège, et nous on vous fait pas chier. »

L'animosité entre la CGT et l'extrême gauche radicale est ancienne. Elle remonte au moins à Mai 68, lorsque des groupes d'extrême gauche (trotskystes, maos, guévaristes, anarchistes) ont lancé ce mouvement inattendu et mis à mal l'hégémonie du Parti communiste sur l'ensemble de la gauche de la gauche. Daniel Cohn-Bendit, à l'époque anar inclassable, a souvent expliqué que Mai 68 était avant tout un mouvement contre le PCF. La CGT, de loin le premier syndicat de France, est à l'époque une simple courroie de transmission du Parti, et tous deux voyaient d'un très mauvais œil ce mouvement spontanéiste. La CGT a pris le train en marche, puis négocié les accords de Grenelle et cessé la grève. Les soixante-huitards ont vu cela comme une trahison.

Par la suite, dans les manifs de gauche, le service d'ordre musclé de la CGT, voulant éviter toute violence et éliminer la « chienlit » gauchiste (le gauchisme, maladie infantile du communisme, disait Lénine), n'hésitait pas à faire le coup de poing contre les autonomes, mouvance contestataire en pointe à l'époque, à la fois sur le terrain intellectuel et sur la violence de rue. Au moindre débordement, lancement de projectiles, ou dégradation, même isolés, les gros bras sortaient leurs matraques et bâtons pour cogner ces impétueux. « Franchement, il valait presque mieux un bon coup de matraque des CRS que dix bourrins de la CGT qui te tombaient dessus », se rappelle un militant actif dans les années 1980-1990.

1er mai 2021 : « CGT collabo », *bis repetita*

Place de la Nation, 1er mai 2021. Le premier défilé des travailleurs depuis le début de la crise sanitaire s'achève sous un soleil radieux. L'ambiance paraît décontractée et bon enfant. Sono et odeurs de grillades. Des manifestants dansent, une bière à la main. Les camions de la CGT roulent au pas, ballons rouges flottant au-dessus de la foule. Rien ne laisse présager le moindre incident. Soudain, sans que l'on comprenne l'origine du tumulte, des insultes venant de manifestants cagoulés fusent en direction des syndicalistes. Puis rapidement, des projectiles. Le pare-brise d'un camion est fracassé, le mot « collabo » est tagué sur une camionnette de la CGT. Bilan de l'échauffourée : 21 blessés dont 4 graves chez les syndicalistes.

Un nouveau cauchemar pour la centrale syndicale, malgré le *modus vivendi* tacite entre elle et les black blocs : chacun à sa place avec ses pratiques. Difficile pour elle de reconnaître une nouvelle fois qu'elle est débordée par des manifestants d'extrême gauche, censés être dans son camp. Philippe Martinez, le secrétaire général de la CGT, avance alors une hypothèse complètement farfelue : les agresseurs seraient des nervis d'extrême droite venus infiltrer le cortège.

L'explication est jugée ridicule par les militants d'ultra-gauche : « Martinez nous refait le coup des vieux stals [staliniens] : dès qu'il y a une opposition, c'est un coup des fascistes, un peu comme le petit père des peuples parlait d'hitléro-trotskystes. Une manière d'occulter l'opposition des révolutionnaires aux syndicats traditionnels », rigole Enrico, un militant « révolutionnaire et anticapitaliste » qui défile avec les black blocs.

Sur place, juste après l'attaque, j'avais interrogé l'un des assaillants, un activiste du bloc que je connais vaguement. Martin, 27 ans, revendique l'agression contre la CGT qu'il considère comme « un syndicat de collabos ». Sa rancune va en particulier au service d'ordre musclé de la confédération : « Aujourd'hui, le rapport de forces a changé, le SO doit avoir 60 ans de moyenne d'âge et n'est plus en mesure de nous museler. On tient notre revanche, et on ne va pas s'en priver. »

Ce 1er mai, la rancœur des radicaux s'explique par le déroulement de la manifestation : tout le long du parcours, des incidents ont opposé le black bloc et la police. Les CRS opèrent des charges régulières et sporadiques pour étouffer dans l'œuf tout début de trouble. Dans le tas, des manifestants, même pacifiques, ont été parfois violemment bousculés, voire molestés. « Ces manifestants auraient voulu que le SO de la CGT vienne les défendre, explique le black bloc Enrico. Mais la CGT a déjà accepté de laisser faire les radicaux, en nous laissant prendre la tête de la manif. On ne peut pas en plus leur demander de s'interposer. »

Si le média radical en ligne *Lundi matin* (voir le chapitre suivant) approuve l'attaque, la plupart des activistes du bloc que j'ai rencontrés la condamnent, ou en tout cas la regrettent. « Si je suis très hostile aux apparatchiks syndicaux comme Martinez, précise Enrico, je ne les confonds pas avec les militants de base, qui luttent dans les entreprises et défendent les sans-papiers. La CGT est un syndicat réformiste et en tant que militant révolutionnaire, je suis en désaccord avec eux. Mais cette apologie d'une geste révolutionnaire un peu facile consistant à s'en prendre, par surprise, aux cégétistes a quelque chose de dérisoire. » Un antifa, proche de l'AFA (Action antifasciste Paris Banlieue), désapprouve totalement l'action : « Considérer la CGT comme un ennemi est stupide. L'affrontement avec la police, dont le rôle est de maintenir ce système que nous réprouvons, me paraît légitime, mais pour moi, c'est loin d'être le seul terrain de lutte. Ce n'est pas avec cette fétichisation de la violence en tant que telle que l'on va attirer les masses vers la révolution. Il faut s'investir dans les syndicats, participer aux luttes dans les entreprises, dans les initiatives de solidarités locales. »

Du côté d'autres syndicats considérés comme plus radicaux que la CGT, la condamnation est unanime. Solidaires, proche de l'extrême gauche, affiche son soutien aux « camarades de la CGT agressés ». Et la Confédération nationale du travail (CNT), anarcho-syndicaliste et révolutionnaire - mais légaliste dans les faits -, déplore « un samedi noir pour le mouvement syndical ». Finalement, pas grand monde même parmi les activistes violents ne défend cette attaque absurde, qui n'a pas été menée par l'extrême droite contrairement à la fable colportée par la direction de la CGT.

« Nous sommes tous des casseurs »

La contestation de la loi travail a été plus qu'une épine dans le pied de la CGT. Non seulement elle a dû renoncer à défiler à l'avant de la manif, mais certains de ses adhérents ont même rejoint le cortège de tête, lequel regroupait plusieurs milliers de personnes, dont une petite minorité de black blocs. Des manifestants lambda se sont mis à marcher à leur côté, marquant ainsi leur rejet des syndicats traditionnels, et tacitement l'approbation des méthodes des black blocs. Dans ces « civils », protégeant de fait les activistes du bloc de charges trop violentes de la police qui, elle, craint de blesser gravement des manifestants ne commettant rien d'illégal, il n'était pas rare de voir des chasubles, drapeaux ou autocollants de la CGT. Je me souviendrai toujours de cette retraitée paisible, autocollants CGT sur la veste, applaudissant à chaque assaut des black blocs. « Ça fait quarante ans que je suis à la CGT, me dit-elle, et depuis quarante ans, nous n'avons subi que des reculs sociaux. À un moment, il faut reconnaître que cette méthode ne marche plus. Je suis contente de voir la rébellion de ces jeunes, alors je les soutiens en allant dans le cortège de tête. Il n'y a malheureusement que la violence qui puisse faire reculer un gouvernement. » Il m'est aussi arrivé de voir des cégétistes jetant des projectiles sur la police, malgré les dénégations désespérées de Philippe Martinez, le numéro un de la centrale.

À chaque manif qui dégénère, le récit médiatique est identique : il y a les manifestants qui défilent tranquillement, comme ils en ont le droit en démocratie, et des « casseurs » qui ne viennent là que pour la violence et finalement font passer les revendications sociales au second plan. Les gentils manifestants et les méchants casseurs. Mais cette séparation fonctionne de moins en moins bien. Même des porte-parole officiels, à visage découvert, affirment leur solidarité avec les « casseurs » : le 9 avril, Aissatou Dabo, porte-parole d'une coordination étudiante créée pour cette l'occasion – donc hors syndicats étudiants – affirmait sur I-Télé : « On a décidé tous ensemble de ne pas nous dissocier de ceux que vous appelez des casseurs. » Interloqué, le journaliste la relance : « Vous voulez dire que cette violence que l'on voit ici est légitime ? » Aissatou Dabo va être encore plus claire : « On refuse qu'il y ait une division [entre, d'un côté, ceux qu'on appelle] des casseurs et [de l'autre côté] des manifestants normaux. Il n'y a pas eux et nous, nous sommes tous ensemble. »

En ce printemps 2016, les médias continuent à répéter en boucle la même histoire : « Des casseurs ont infiltré la manif. » Mais avec ce cortège de tête, les faits démentent ces commentaires. Infiltrer signifierait que les « casseurs » seraient des éléments marginaux qui se joindraient à la manif contre la volonté des manifestants. Or, avec l'apparition des cagoulés en tête de manif, au milieu de centaines, voire de milliers de manifestants qui parfois les acclament, cette antienne ne tient plus. Pour la démentir, un slogan apparaît : « Nous sommes tous des casseurs ». Une minorité significative de manifestants pacifiques marque ainsi sa solidarité avec les black blocs. « On pouvait parler d'infiltration dans les manifs d'avant, explique un sexagénaire, militant de gauche de longue date. La CGT contrôlait les manifs et dégageait les casseurs, parfois avec violence. Ce n'était qu'après la dispersion qu'il y avait des affrontements. Maintenant, c'est le cortège de tête qui donne le *la*. » Plus inquiétant encore pour la CGT : certaines de ses branches les plus à gauche ne sont pas hostiles aux black blocs. Ainsi, Julien Gicquel, du syndicat historique des typographes Info'com, le dit clairement : « Nous nous réclamons de l'anarcho-syndicalisme, et je ne considère pas les black blocs comme nos ennemis. Chacun ses pratiques, ce ne sont pas les nôtres, mais qu'on casse une banque ou qu'on jette des projectiles sur la police ne me gêne pas, tant que les policiers ont des équipements de protection. En revanche, les jets de bouteille d'acide ou le lynchage d'un policier isolé, je ne cautionne pas. » Même en interne, la direction du syndicat a perdu tout contrôle. Elle est hors-jeu.

5.

Les appellistes

Lundi matin, le média des « insurgés »

« Lisez Lundi AM » : cette inscription qui fleurit sur les murs lors des six mois de la mobilisation contre la loi travail sonne comme une énigme pour le profane. Mais tous les manifestants du cortège de tête la comprennent : « Lundi AM », c'est *Lundi matin*, une revue au caractère insurrectionnaliste qui paraît pour la première fois en ligne en décembre 2014 dans une certaine indifférence[1]. Avec le mouvement contre la loi El Khomri, elle atteint rapidement les 500 000 vues par semaine, dépassant parfois le million. Rares sont les médias, militants ou non, qui peuvent s'enorgueillir d'un tel succès. La revue, proche de l'ultragauche, va devenir une lecture incontournable. Chaque aurore du premier jour de la semaine, on se rue dessus pour avoir les nouvelles du front. La violence émeutière n'y est plus un tabou, elle est même revendiquée : « Depuis le début du mouvement et chaque semaine depuis, des solidarités nouvelles se créent, des gens qui s'ignoraient se découvrent,

1. Depuis mai 2017, la revue existe également sous format papier.

des façons différentes de manifester vivent ensemble, la peur change de camp et le monopole policier de la violence est contesté [...]. C'est ainsi qu'il faut comprendre [...] ce que fait le gouvernement depuis le début du mouvement : une recherche désespérée de ne pas perdre la main sur ce qui lui est de plus en plus contesté, le monopole de la violence », y lit-on dans le numéro 62 du 28 mai 2016. La radicalité y est assumée et certains de ses slogans insurrectionnels et parfois humoristiques sont largement repris par les émeutiers en noir, comme : « Ce n'est pas la manifestation qui déborde, c'est le débordement qui manifeste », ou, concernant la présidentielle à venir un an plus tard, « 2017 n'aura pas lieu », un appel, sans illusion et à la portée symbolique, à la destitution du pouvoir avant toute élection. Cette radicalité vaudra à *Lundi matin* le sobriquet de « média du black bloc » dans certains cercles du pouvoir et services de renseignement.

« Lundi matin, c'était une respiration du mouvement, avec des textes lyriques et joyeux et des contributions intellectuelles rafraîchissantes, m'explique l'un des cagoulés de l'époque. Pour une fois, nous avions notre média, où nous pouvions exprimer notre radicalité, échanger, partager nos rêves. » Les textes, divers, sont de bonne facture intellectuelle et littéraire, empreints d'un certain romantisme révolutionnaire plutôt agréable à la lecture. « Il y a un souffle littéraire dans leurs textes politiques qui est porteur, dans une société qui propose peu de choses exaltantes, surtout à gauche », souligne

Guillaume Origoni, doctorant en histoire sur le terrorisme italien des années de plomb[1].

Certains contributeurs de la revue restent anonymes, mais on compte aussi parmi les signatures de nombreux universitaires et intellectuels (Jean-Luc Nancy, Frédéric Lordon, Giorgio Agamben, Agustín García Calvo) et des écrivains engagés (Nathalie Quintane, Alain Damasio, Éric Vuillard). Les animateurs sont inconnus, mais il est un secret de polichinelle qu'ils appartiennent à la mouvance dite appelliste, un terme connu des seuls initiés, dite aussi familièrement « appello », dont la figure la plus connue est un certain Julien Coupat...

Julien Coupat, ennemi public numéro un, chef secret des black blocs ?

Sans le vaste fiasco judiciaire de l'affaire dite de Tarnac, cette mouvance appelliste, et avec elle *Lundi matin*, serait sans doute restée aux marges groupusculaires d'une ultragauche cantonnée à quelques centaines de militants actifs. Bref récapitulatif de ce feuilleton judiciaire qui a duré dix ans : le 11 novembre 2008, des dizaines de policiers surarmés investissent le village de Tarnac, en Corrèze, prétendant avoir interpellé un groupe terroriste d'ultragauche accusé d'avoir saboté des lignes ferroviaires le week-end précédent. L'affaire est volontairement dramatisée, conférence de presse à l'appui, le procureur parlant même de projets d'assassinats. Le nom

1. *Les Inrockuptibles*, 4 octobre 2016.

de Julien Coupat, 34 ans à l'époque, intellectuel révolutionnaire, diplômé de l'EHESS et de la prestigieuse école de commerce ESSEC, sort de l'ombre. Il est censé être le chef de ce réseau terroriste fantomatique. Nous ne nous attarderons pas ici sur les péripéties du plus grand raté de toute l'histoire de la justice antiterroriste, mais nous contenterons d'en énoncer l'épilogue : le dossier sera déclassifié en droit commun et l'ensemble des mis en examen relaxés en avril 2018. De cette pantalonnade judiciaire, le groupe tirera un certain prestige et une certaine légitimité.

L'affaire a permis de faire émerger ce que l'on a appelé la mouvance « appelliste », du nom du texte anonyme *Appel*, passé inaperçu lors de sa parution confidentielle en 2005. En gros, une exaltation, dans un style romantique, d'un soulèvement généralisé et de rupture radicale avec le système en place. Un texte attribué à la « bande à Coupat », comme trois livres, signés d'un mystérieux comité invisible, *L'Insurrection qui vient*, *À nos amis* et *Maintenant*[1]. On y retrouve le même lyrisme et la même radicalité que dans *Lundi matin*. « C'est de la poésie politique », me résume un activiste black bloc en 2016.

En « civil », habillé comme un citoyen lambda, Julien Coupat participe activement aux manifestations au sein du cortège de tête, sans prendre part aux affrontements, comme le mentionne une note de la direction centrale du renseignement intérieur, discrètement transmise à certains journalistes. Le connaissant depuis ses déboires

1. Aux éditions La Fabrique.

judiciaires, j'ai rencontré Julien Coupat à maintes reprises et devisé sympathiquement du mouvement en cours. Il débordait d'enthousiasme sur ce cortège de tête incontrôlable qui s'autonomisait des formes classiques de manifestation. Méfiant envers les journalistes, et toujours sous le coup de poursuites judiciaires, il n'a jamais accepté que je l'interviewe officiellement.

Certains de ses camarades n'ont pas eu la même prévention. Mathieu B., l'un de ses co-mis en examen, souvent considéré comme l'un des animateurs de *Lundi matin*, a pris la parole place de la République à Paris, devenue pendant le mouvement une véritable agora révolutionnaire. Il y défend sans ambiguïté ce que les militants appellent souvent par euphémisme « les stratégies offensives du cortège de tête ». En clair, la violence émeutière. « Ce qu'il y a eu d'inédit dans ce mouvement, s'enthousiasme-t-il, c'est des centaines de jeunes, si ce n'est des milliers, qui se retrouvent à prendre la tête de la manifestation, à être masqués et à avoir pour but que les manifestations ne restent pas inoffensives, à avoir pour but de libérer l'espace par rapport à la police, et à avoir pour but le soulèvement, l'insurrection et finalement la destitution de ceux qui nous gouvernent. »

Ce soutien trop visible d'un groupe encore accusé – à tort – de terrorisme va servir d'épouvantail facile au pouvoir. Le 18 mai au matin, devant le Sénat, Manuel Valls dit des « amis de Julien Coupat » qu'ils sont les « instigateurs de l'agitation ». Un Premier ministre citant comme quasi-ordonnateur d'un mouvement social un citoyen particulier n'ayant aucune responsabilité politique, syndicale ou associative, c'est probablement inédit. C'est ne rien comprendre, ou nier le caractère éruptif et spontané de l'effervescence en cours. Des agents des renseignement distribuent complaisamment des notes mentionnant le rôle prépondérant de « la bande à Coupat » à certains journalistes « de confiance », dont je m'enorgueillis de ne pas faire partie : peut-être ai-je l'immodestie de penser que la police savait que, n'étant pas né de la dernière pluie, je ne marcherais pas dans un enfumage aussi grossier. Un groupe secret, un « gourou » charismatique qui organiserait la contestation et manipulerait des foules sincères et naïves, c'est bien pratique pour disqualifier un mouvement et nier son caractère spontané. « C'est vieux comme le monde, résume un black bloc. La version des groupes organisés, c'est une version du gouvernement qui a voulu faire croire que tous les affrontements avec la police étaient organisés par des groupuscules qui avaient décidé en amont de tout ce qui se passait. Or la réalité est totalement différente, c'était une réaction spontanée à la violence policière. »

La thèse est effectivement rocambolesque et farfelue. Les appellistes divisent au sein de ce mouvement protéiforme. « Ils se veulent un peu l'avant-garde de la révolution, il y a un côté donneur de leçon assez agaçant, me confie un activiste radical. Ce sont des fils de bourgeois qui prétendent guider le peuple[1]. » Même la police ne croit pas vraiment à un groupe secret qui, dans l'ombre,

1. Julien Coupat est le fils d'un haut cadre de l'industrie pharmaceutique à la retraite qui habite dans une banlieue cossue de

manipulerait le mouvement. « Les black blocs, sont très bien organisés techniquement, pour déjouer les fouilles, cacher des cocktails Molotov sur un parcours de manif ou s'anonymiser, mais il n'y a pas d'organisation hiérarchisée qui décide de tout. À ce niveau-là, c'est un peu comme les salafistes, même si leur dangerosité n'est évidemment pas comparable. C'est une multitude de petits groupes informels ou d'individus isolés, et c'est ce qui rend le travail des renseignements compliqué », explique Linda Kebbab, du syndicat policier SGP/FO, majoritaire aux élections professionnelles.

Le black bloc est-il une mode ?

Les anciens autonomes des années 1970-1980 ou les black blocs des années 2000 qui ont perturbé les grands sommets internationaux affichent parfois un certain dédain pour la génération radicale actuelle. « C'est branché aujourd'hui de se la jouer black bloc, estime Christian, un autonome des années 1970 qui a détruit plus d'une vitrine de banque. On y va entre petits bourgeois bien élevés pour péter du flic. Ensuite, on va boire des coups dans un bar bobo de gauche, et on se raconte ses exploits respectifs. Ça n'a aucun sens, et le bagage idéologique se résume souvent à être anti-flic. Nous, il y avait toute une production idéologique, une vraie réflexion théorique, notre activité ne se résumait pas à la violence politique même si on s'y livrait aussi. »

---

l'Ouest parisien. Cette origine bourgeoise lui est souvent reprochée, reproche visant par extension les « appellistes » en général.

Yann Moulier-Boutang, idéologue phare des autonomes des années 1970, tient le même discours : « Nous avions une revue théorique, *Camarades*, avec des contributions diverses et intéressantes. Il y avait de vrais échanges d'idées, ça bouillonnait. Maintenant, les seuls qui théorisent un peu, ce sont les appellistes. Mais, pour moi, Julien Coupat, il écrit très bien, mais c'est tout. » Syndrome du vieux con pour qui tout était forcément mieux avant, ou triste réalité ? Impossible à trancher, tant les deux époques sont différentes.

Comme dans toute mode, il y a aussi un code vestimentaire. Bien entendu, beaucoup d'entre eux portent des baskets branchées : « Ça nous fait toujours marrer de voir des militants anticapitalistes avec des Nike aux pieds », ironise, acerbe, Frédéric Lagache, du très droitier syndicat de police Alliance. Les Nike ne sont pourtant pas très usitées dans le bloc. « Ce qui est à la mode, ce sont plutôt les Adidas Samba ou les baskets Decathlon », m'explique un ancien cagoulé, toujours militant et solidaire des violences commises en manif, mais ne s'y adonnant plus. « Decathlon, fournisseur officiel de l'émeute », fut ainsi avec humour inscrit sur une banderole lors de la loi travail. Certaines marques moins connues sont très prisées des activistes du bloc, comme Lyle & Scott, Stone Island, CP Company, Weekend Offender ou les plus fameux polos Fred Perry. « Ça, c'est typiquement le look *casual* que nous avons adopté », me dit un radical, 19 ans seulement. Des marques onéreuses : comptez dans les 90 euros (dans les 70-80 en soldes) pour un polo Fred Perry, plus de 100 euros pour une veste Lyle & Scott,

80 euros pour un sweat-shirt Weekend Offender. Un paradoxe pour des anticapitalistes. Je le fais remarquer au jeune activiste : « Ben ouais, mais bon, je vais pas m'habiller comme un sac. »

« Faire partie du bloc, ou plutôt dire qu'on fait partie du bloc [au passage, ceux qui en font vraiment partie évitent de s'en vanter, pour des raisons de sécurité évidentes], ça fait presque chic dans certains milieux, explique un militant radical des années 1980-1990. Et comme dans tout groupe (associatif, religieux, politique), certains très jeunes un peu paumés trouvent parfois une seconde famille. Mais ceux-là s'en détachent assez vite. »

6.
Philosophie de la banderole

« Seul le ciel sait que sous nos cagoules saignent nos cœurs »

Il faut le reconnaître, cette grande banderole d'une dizaine de mètres brandie par des antifas cagoulés dégage une esthétique puissante. Colorée, elle contraste avec le noir martial de ceux qui la portent. Son lyrisme tranche avec ce cliché des casseurs vêtus de noir et mus par le seul vertige du défoulement et de la violence. Les radicaux du bloc ont donc un cœur : « Bien sûr que nous sommes des idéalistes, nous nous battons pour un monde meilleur, me dit l'un de ces antifas. Tu peux désapprouver nos méthodes offensives, mais tu peux pas nous enlever notre romantisme révolutionnaire. La violence en tant que telle, on n'aime pas ça, mais c'est malheureusement un mal nécessaire, en aucun cas une finalité. » Cette référence à ce ciel seul capable de lire la souffrance des cœurs sous les cagoules, cette terminologie mystique et quasi religieuse, peut surprendre de la part de radicaux se revendiquant de l'anarchisme ou du communisme athées. On est bien loin du matérialisme marxiste ; et le slogan des anarchistes n'est-il pas « Ni Dieu ni maître » ? « Athée ne veut pas dire qu'il n'y a pas chez nous, révolutionnaires, quelque chose qui s'approche de la transcendance et de la spiritualité. D'ailleurs, personnellement, je suis croyant. Mais il est vrai que c'est très minoritaire », m'explique un militant du bloc. Eh oui, il y a des cœurs sous les cagoules. Seul le ciel sait...

Cette tendance métaphysique se retrouve notamment chez les « appellos ». Au début des années 2000, le nom de la revue philosophique de la mouvance, *Tiqqun*, trouve son origine dans le terme hébraïque *tikkoun olam*, un concept employé dans la tradition kabbalistique et messianique, qui signifie tout à la fois réparation, restitution et rédemption, et qui recouvre en grande partie la conception juive de la justice sociale.

Le chercheur Romain Huët, qui a suivi de nombreuses émeutes et s'intéresse « à l'expérience sensorielle qu'elles procurent », ne dit pas autre chose : « Voir l'émeute comme un moment visant à faire aboutir des revendications matérielles, précises, ne me semble pas pertinent. De toute évidence, le capitalisme est visé, mais il me semble que derrière l'émeute, il y a un appel à une plus grande intensité existentielle. [...] Cette ivresse que l'émeutier recherche contraste avec la quotidienneté beaucoup plus froide, close, sans grande intensité qui est la sienne[1]. »

Les ouvrages des appellistes n'ont rien à voir avec ces textes rébarbatifs et arides, au jargon marxisant ennuyeux, qui en rend la lecture pénible et fastidieuse. Chez les « appellos », le style est élégant et lyrique.

1. Romain Huët, *Le Vertige de l'émeute*, *op. cit.*

On n'y parle pas tant de la bonne vieille lutte des classes que d'individus souhaitant récupérer leur vie, inventer de nouvelles pratiques en dehors du système capitaliste oppresseur faisant de chacun d'entre nous de simples rouages d'un système à bout de souffle. On y parle de créer de nouveaux horizons, de déserter le monde d'aujourd'hui. L'austérité sombre et déprimante des habituels tracts d'extrême gauche n'y a pas sa place. Les appellistes remettent la joie et l'élan de vie au cœur du projet révolutionnaire. « Ça fait du bien, explique une activiste du bloc, dans ce milieu finalement assez déprimant, où on se prend défaite sur défaite. »

Lundi matin, considéré comme une émanation des appellistes, est également empreint de ce lyrisme littéraire. En dehors de points de vue purement théoriques et doctrinaux, on y diffuse de nombreux textes d'écrivains, comme l'auteur de science-fiction Alain Damasio, contributeur récurrent du journal.

« Qu'est-ce qu'on s'amuse ! »

Dans le numéro 270 du 11 janvier 2021 de *Lundi matin*, on peut lire : « L'émeute relève du surgissement, d'une esthétique du surgissement. » L'émeute est aussi, selon les auteurs, une révolte contre l'ennui, et même assumée comme un « divertissement », même si elle ne se réduit pas à cela.

L'émeute est aussi une fête, bien loin de l'austérité des textes rébarbatifs et quasi illisibles d'une certaine extrême gauche. Le célèbre slogan de Mai 68 « L'imagination au pouvoir » semble être remis au goût du jour. L'humour est même l'une des dominantes des slogans, graffitis et banderoles des manifs radicales. *Lundi matin*, a même, ironiquement, organisé un concours des meilleurs d'entre eux, « le banderole game ».

Et il faut l'avouer, les compétiteurs y rivalisent de slogans assez drôles. Difficile de ne pas rire devant cette photo : un distributeur de billets cassé, avec à côté cet écriteau : « Il avait avalé ma carte ». Variante : « Tiens, voilà tes agios » ou « On fait comme dab ». Sur les planches de bois protégeant une agence bancaire de la casse : « Il faut avoir des choses à se reprocher pour se cacher comme ça ». Plus historique : « Lisez *Le Casseur français*, bons plans depuis 1789 ». Lyrique : « Nous sommes l'étoffe dont sont tissés les rêves » ou « Sans saboter, il y a beauté ». Littéraire, devant des vitres d'abribus brisé : « 50 nuances de bris » ou « Nos nuits sont plus belles que vos jours ». Vintage années 1980, devant un magasin Free dégradé : « I want to break Free ». Façon office du tourisme : « La France, son pinard, ses révolutions », avec la version nantaise : « Visitez Nantes, son muscadet, ses émeutes ». Joie de vivre : « Qu'est-ce qu'on s'amuse ». J'ai aussi un petit faible pour ce graffiti, en réponse à l'insulte basique et primaire, régulièrement lancée aux forces de l'ordre : « Flics, fils de putes » : « Les CRS ne sont pas nos fils ! Signé : les putes ». Et, si l'on n'est pas le propriétaire qui devra refaire la peinture de son véhicule, cette inscription sur une voiture de luxe : « Grève générale le 28/4/16. Bisous ». Idéologico-énergético-rigolo : « Un coup de Marx et ça repart ». Plus philosophique : « Spinozad ».

Plus populaire et accessible, notamment à ceux des black blocs qui viennent du stade, cette banderole renforcée, vue à plusieurs reprises lors d'affrontements violents : « Foot à cagoule », jeu de mots avec « Fous ta cagoule ». « Les appellistes veulent esthétiser l'émeute, la populariser, attirer vers l'insurrection des milieux qui au départ n'y étaient pas prédestinés. Le "Foot à cagoule" a exactement cette fonction », explique un activiste radical, sympathisant du black bloc.

« En 1789, des casseurs ont pris la Bastille »

Irrités au plus haut point d'être qualifiés de « casseurs » par les médias, certains ont brandi cette banderole, lors de la contestation de la loi travail. Étonnant de voir des activistes radicaux se réclamer de l'acte fondateur de cette République libérale contre laquelle ils se mobilisent, revendiquant un monde non capitaliste. Le paradoxe n'est qu'apparent : « La Révolution française a marqué la fin du système médiéval oppresseur, explique Guy, quadragénaire, ancien du bloc et aujourd'hui défilant pacifiquement au sein du cortège de tête. Qu'après, cet idéal républicain égalitaire ait été dévoyé par un capitalisme ravageur est une autre question. Mais ce slogan rappelle que les avancées sociales et sociétales, que plus personne ne remet en cause aujourd'hui, n'ont pas été conquises avec des fleurs. »

« Les black blocs n'ont rien inventé, c'est juste la redécouverte de pratiques du mouvement ouvrier tout au long de son histoire, explique l'activiste Giovanni. C'est l'action directe[1], la manifestation émeutière, le sabotage, les services d'ordre antifascistes des syndicats lors des mouvements de masse dans les années 1930[2]. Il y a une culture du sabotage dans les traditions anarchistes et de banditisme révolutionnaire. »

Dans le monde, et plus particulièrement chez nous, l'histoire des avancées sociales et démocratiques est en effet jalonnée d'émeutes. La France et ses quatre cents fromages, comme disait de Gaulle, est aussi le pays aux quatre révolutions, toutes issues d'émeutes populaires, parfois armées : 1789, 1830, 1848 et 1871, avec la Commune de Paris, toutes ayant connu leur lot de morts. On peut aussi mentionner, pêle-mêle, la révolte des canuts à Lyon en 1831, les émeutes d'anarchistes dreyfusards contre l'antisémitisme en 1899, la révolte des viticulteurs en 1907 ou encore celle des mineurs en 1947. En revanche, le Front populaire, à l'origine d'avancées sociales aussi importantes que les congés payés, se déroula dans un contexte pacifique, mais avec des actes illégaux comme les occupations d'usines.

Cet imaginaire insurrectionnel suscite néanmoins des critiques sévères au sein même d'activistes du bloc. « Se

1. L'action directe, prônée par les anarcho-syndicalistes du XIXe siècle, se définit par une action menée par les travailleurs eux-mêmes, en dehors de toute médiation avec l'État ou les corps intermédiaires, comme la grève générale, le blocage ou le sabotage des outils de production La CGT, anarcho-syndicaliste à ses débuts en 1895, prônait l'action directe.

2. Lire à ce propos l'ouvrage de Matthias Bouchenot, *Tenir la rue. L'autodéfense socialiste 1929-1938*, Libertalia, 2014.

comparer aux révolutionnaires de 1789 est absurde. C'était tout un peuple qui se révoltait. Nous, dans le bloc, nous sommes quelques centaines, mille dans les meilleurs moments, on est bien loin d'une insurrection populaire », dit un militant.

À la CNT (Confédération nationale du travail, anarcho-syndicaliste), qui prône la grève générale et ne participe pas au bloc, un responsable ironise : « Les appellistes nous disent que l'insurrection est venue. Mais où t'as vu ça, les masses qui se soulèvent ? Les black blocs, on n'a rien à en dire, pour nous c'est une violence de paillette pour faire de jolies images télé. Mais ce ne sont pas nos pratiques. »

« Tout le monde déteste la police »

Le véritable slogan inventé lors de la contestation de la loi travail ne concerne pas le travail justement, mais la police : « Tout le monde déteste la police » a été repris au fil des défilés par de plus en plus de gens. Un slogan un peu absurde, tant il est faux de prétendre que la police serait haïe globalement en France. « Quand on dit ça, m'explique un jeune en noir, ça veut dire que les gens autour de nous détestent la police. » Un acronyme, jusqu'alors peu usité en France, est apparu et a été régulièrement hurlé à destination des forces de l'ordre : ACAB pour « *all cops are bastards* » (« Tous les flics sont des salauds »)[1].

1. L'origine de l'acronyme ACAB est mal connue. Certains le datent des années 1920, dans les milieux ouvriers anglais. D'autres aux skinheads des années 1970. Un slogan *a priori* primaire mais finalement l'équivalent de notre immémorial et bien franchouillard

Des slogans assez frustes et sans véritable signification politique. Il est à noter d'ailleurs que certains groupes d'ultradroite, souvent venus des rangs des supporters de foot, reprennent parfois l'acronyme ACAB.

À tout prendre, les deux slogans anti-police traditionnels à l'extrême gauche « Police nationale, milice du capital » et « Police partout, justice nulle part » ont au contraire le mérite d'exprimer en très peu de mots les raisons politiques et idéologiques du rejet de l'institution.

Mais, pour revenir à la loi travail, comment le slogan emblématique du mouvement s'est-il trouvé être un slogan anti-police ? Tout simplement parce que les affrontements entre policiers et manifestants ont été particulièrement violents et la répression du désordre parfois brutale. Il y a eu l'exemple du lycée Bergson et surtout un manque de discernement de certains fonctionnaires au sein des manifs. « Certains de mes collègues se sont vraiment lâchés », admet sans difficulté ce policier marqué à gauche. À moins que ce ne soit une stratégie délibérée. Ainsi, la police essayait à tout prix d'empêcher la constitution d'un cortège de tête avec black blocs et manifestants pacifiques qui les soutenaient implicitement. Ils chargeaient donc régulièrement au sein de la tête de manif pour tenter de scinder celle-ci en deux, séparant les black blocs des autres.

« Morts aux vaches ». *ACAB* est aussi une chanson écrite en défense de black blocs, à la tonalité lyrique et romantisée plutôt efficace, mais frôlant parfois une héroïsation et une mythification un tantinet ridicules.

C'était la technique des nasses, jusqu'alors jamais utilisée en France[1]. Des manifestants n'ayant rien fait d'illégal se retrouvaient encerclés, sans échappatoire, crachant leurs poumons suite aux jets particulièrement copieux des gaz lacrymogènes. Même au sein de la police, cette technique est parfois jugée inappropriée : « Il faut toujours laisser une porte de sortie aux manifestants », dit ainsi Grégory Joron, ancien CRS, du syndicat de police SGP/FO.

Certains armements particulièrement perfectionnés ont également été utilisés dans des manifestations récentes. Ainsi, les policiers ont fait massivement usage de grenades de désencerclement, et ce, pour la première fois dans un mouvement social d'envergure. Cette arme, comme son nom l'indique, ne doit être utilisée que si les policiers, face à des manifestants menaçants, n'ont aucune échappatoire. Le 26 mai 2016, une grenade blesse grièvement un manifestant, en apparence pacifique, alors que les vidéos montrent que les policiers n'étaient pas encerclés. Le 15 septembre, un syndicaliste de Solidaires perd l'usage d'un œil après un tir de cette arme. La tension devient extrême entre manifestants et forces de l'ordre : le même jour, quinze policiers ont été blessés, dont deux grièvement. Lors d'une autre manif loi travail, un policier, coursé par des manifestants dans une rue, pointe brièvement son arme de service sur ses poursuivants, avant, heureusement, de retrouver son sang-froid et de se raviser.

1. Le 10 juin 2021, le Conseil d'État a jugé illégale la pratique de la nasse, qui est donc aujourd'hui interdite.

« Nous n'avons rien contre un flic à titre individuel, mais contre la police en tant qu'institution répressive défendant le capital », m'explique Jérôme, un vétéran des black blocs manifestant aujourd'hui sans violence. C'est le sens du très ancien slogan d'ultragauche « Police nationale, milice du capital ». D'autres slogans que j'ai entendus, moins en vogue aujourd'hui, se montrent néanmoins hostiles aux policiers en tant que personnes, considérant que le choix d'un métier répressif relève de la responsabilité individuelle : « Flics, gendarmes ou militaires - qu'est-ce qu'on f'rait pas pour un salaire ! » ou le très violent « Flic suicidé, à moitié pardonné ». « Je comprends que ça choque, m'avait dit un manifestant scandant ce slogan. Mais c'est une image : un flic, s'il démissionne, il est entièrement pardonné. S'il se suicide, il l'est à moitié. » On comprend aisément que les policiers se sentent très blessés par ce genre de paroles.

Certains radicaux sont pourtant, étonnamment, bien plus nuancés. Voire agacés par ce slogan, « Tout le monde déteste la police ». « "Tout le monde déteste la police", n'importe quoi, soupire Jérôme, l'ancien du bloc, pourtant toujours très radical. Quand j'entends un jeune dire ça, j'ai envie de lui répondre : "Eh, mon gars, le prolo, il te déteste plus toi que la police". »

L'« antifliquisme » primaire, Louis, 19 ans, qui a fait ses premières manifs à 15 ans, en est revenu. « Au début, j'étais vraiment véner contre les keufs. En fait, je les voyais juste comme une masse informe, un genre de bloc ennemi, finalement, qui nous empêchait de faire ce qu'on voulait. C'était l'ennemi le plus visible. Puis j'ai fait un travail sur moi, j'ai essayé de comprendre les arguments des flics. Je me suis rendu compte que c'étaient aussi des êtres humains. » Ce qui a fait réfléchir Louis, c'est un événement qu'il a vécu : « Une fois, j'ai failli blesser grièvement un policier. J'ai envoyé un projectile sur les flics. Ça a cassé la visière de l'un d'entre eux. Le mec est tombé par terre. Ça m'a fait réfléchir. Entre eux et nous, il y a trop de haine, personne n'entend l'argument de l'autre. » Une parole nuancée, qui tranche avec les méthodes radicales qu'adopte pourtant encore le jeune homme, toujours actif dans le black bloc.

« Il y a une radicalisation des manifestants, beaucoup ont rejoint le bloc. Mais c'est consécutif à une radicalisation de la police, de plus en plus répressive », me dit un activiste enfilant parfois cagoule et vêtements noirs. Le 1er mai 2016, j'assiste à une scène glaçante : un jet de cocktail Molotov atteint un CRS, qui s'embrase comme une torche. Et ce sous les vivats de radicaux. Heureusement, un autre policier parvient à éteindre les flammes, mais le fonctionnaire touché est quand même brûlé au deuxième degré à la bouche.

C'est l'escalade : des black blocs de plus en plus nombreux s'en prennent aux forces de l'ordre, lesquelles répliquent de plus en plus sévèrement et parfois indistinctement (ou l'inverse, nous n'allons pas nous livrer au jeu du « c'est pas moi qui ai commencé »). Le 30 juin 2016, la loi travail est adoptée par le Parlement, sans vote, grâce à l'article 49-3. Les vacances d'été interrompent la contestation, qui reprendra, mais avec une intensité moindre, à la rentrée. Mais là n'est pas l'essentiel : depuis qu'il est apparu dans les mobilisations sociales, le black bloc devient un cortège à part entière. Les activistes radicaux continueront à utiliser ce mode opératoire, notamment, lors des défilés du 1er mai.

7.

Les méthodes du bloc

Secrets industriels et organisation du chaos

Au fur et à mesure des affrontements grandissants dans les manifs contre la loi travail, le ministère de l'Intérieur prend des mesures inédites pour prévenir le risque de trouble. Le dispositif est impressionnant : à chaque entrée possible dans la manif, dans la moindre rue adjacente, la police procède à des fouilles systématiques. Les sacs sont ouverts, les identités parfois contrôlées, déclenchant l'ire de certains manifestants, pacifiques dans leur très grande majorité. Des manifestants vêtus de noir sont refoulés, selon une sorte de présomption de black bloc. Même le matériel « défensif » est confisqué, sauf pour les journalistes titulaires de la carte de presse. Le lieu de la manif est sécurisé : le stationnement est interdit pour éviter que des voitures ne brûlent, le mobilier urbain est pour l'essentiel enlevé, jusqu'aux grilles au pied des arbres, et le parcours soigneusement étudié pour éviter tout chantier, qui offre souvent la possibilité de trouver des projectiles. Et pourtant, ça ne suffit pas : des jeunes en noir, avec lunettes de piscine et masques à gaz, dépavent les rues à coups de burin, se trouvant ainsi des projectiles.

Des cocktails Molotov sont parfois jetés sur les forces de l'ordre. Comment est-ce possible ? Il est vrai que les subterfuges des black blocs sont assez astucieux.

Tout le monde le reconnaît, et la police au premier chef : les black blocs sont pour la plupart des activistes aguerris. « Les black blocs sont très malins : ils arrivent comme tout le monde, puis se changent en noir, et ils arrivent à faire passer du matériel malgré les fouilles », se désole Frédéric Lagache, secrétaire général adjoint du syndicat de police Alliance.

Au printemps 2016, j'accompagne Simon, un activiste du bloc, à une manifestation anti loi travail dans le centre de Paris. « C'est un peu dangereux, m'explique-t-il. Il y aura tout ce que Paris compte de radicaux, et il y a toutes les chances que ça pète avec les flics. Il y aura sûrement des fouilles à l'entrée. » Le jeune homme (20 ans) n'a apporté que du matériel défensif : « On se débrouillera avec ce qu'on trouve sur place. » Il sort son portable et consulte les réseaux sociaux - essentiellement les messageries cryptées - et les chaînes de SMS qui alertent sur la localisation des contrôles de police. Après vérification, le jeune repère une rue oubliée par les forces de l'ordre et s'engouffre tranquillement dans la manif, qui dégénérera au bout de quelques minutes.

Quelques jours plus tard, Simon me livre quelques petits « secrets industriels » - déjà connus de la police - utilisés par les black blocs : les petits trucs, comme « les lunettes de piscine ou un foulard noir, tu les planques, dans tes chaussettes par exemple. S'il fait beau, tu mets un tee-shirt noir sous un autre tee-shirt. S'il risque de pleuvoir, tu arrives avec un K-way noir. » Autre technique racontée par Léa, 21 ans, pour faire entrer du « matos » : « Ça se fait souvent par les petites meufs comme moi, aux faux airs de sainte-nitouche. Les flics se méfient moins et ils n'ont en général pas les moyens de fouiller minutieusement tout le monde. Je l'ai fait plein de fois, mon surnom, c'est "porte-avions" », rigole-t-elle.

À la fin de la manifestation, pour se changer, les militants ont une technique : équipés de parapluies, ils protègent des regards indiscrets – essentiellement caméras de vidéosurveillance, journalistes et policiers qui filment – ceux qui troquent leurs vêtements sombres contre des habits normaux. « Pour éviter tout traçage ADN, on fait ensuite un grand feu avec nos fringues noires », explique Simon.

Pour ceux qui pensent être fichés, il y a quelques précautions élémentaires : « Déjà, tu ne prends pas ton portable quand tu vas en manif, explique Axel, 26 ans. Pas non plus de pièce d'identité, en cas de contrôle, si tu es déjà repéré par les flics tu peux avoir des problèmes. » Rien de paranoïaque en l'occurrence, tant les moyens techniques de surveillance de la police se sont perfectionnés. « Depuis les années 2010, explique un ancien policier des services de renseignement, il y a l'IMSI-catcher. Pas plus grand qu'une valise, il capte tous les numéros des portables présents sur les lieux. La police regarde tous les numéros de portable qui sont là une heure avant une manif, puis actifs à l'heure de la manif. Tu retranches tous les premiers numéros, vraisemblablement ceux des habitants et des commerçants, et tu chopes ainsi tous les numéros des manifestants. Si quelqu'un apparaît trop souvent, il se retrouve fiché. » Un chouia liberticide quand même : le droit de manifester n'est-il pas inscrit dans la Constitution ?

Encore plus innovant, un système mis au point par la start-up israélienne Cellebrite : il permet de lire tout ce qu'il y a dans un portable, même éteint. Cinq cents commissariats français en sont aujourd'hui équipés. Des moyens de flicage parfois ignorés des black blocs.

« Il faut reconnaître que les black blocs sont assez bons, et finalement assez peu d'entre eux se font arrêter : ils savent où sont les caméras, se rechangent après, ils ont une bonne lecture de la stratégie policière, ils prévoient non seulement les attaques mais les replis aussi, comme une organisation militaire », explique Olivier Cahn, chercheur spécialiste des black blocs.

Lors d'une manif anti-loi travail, en plein affrontement avec la police, un black bloc cagoulé vient me voir : à sa démarche et sa morphologie trapue, je reconnais Matthieu, un jeune activiste de 17 ans à l'époque, euphorisé par les quelques cocktails Molotov qui pleuvent sur les CRS. Comment les black blocs ont-ils réussi à les faire passer malgré les fouilles et l'enlèvement des voitures et des poubelles sur la voie publique ? « On en avait mis partout la veille dans des poubelles à l'intérieur des immeubles, m'explique-t-il, visiblement très satisfait. On a les clés de facteur qui permettent d'entrer. »

Parfois, la logistique va même un peu plus loin. « Ils sont malins, maintenant ils louent même des appartements où ils entreposent du matériel », explique Frédéric

Lagache, du syndicat policier Alliance. Technique que m'a confirmée un ancien Gilet jaune qui a rejoint le bloc : « Une fois, on a loué un Airbnb à quinze quelques jours avant. On est de plus en plus nombreux à faire ça. »

Pour le moindre caillou

Quelques jets de pierre sporadiques, quelques vitrines de banque, d'agences immobilières ou de McDo dégradés, et médias et politiques rivalisent de superlatifs : graves incidents, affrontements violents, guérilla urbaine. Le summum de l'emphase fut probablement atteint par Christophe Castaner, alors ministre de l'Intérieur qui, lors de la manif des Gilets jaunes particulièrement violente du 3 décembre 2018, parla, à propos de ceux, cagoulés ou pas, qui jetèrent des projectiles sur la police, « d'une volonté de tuer des policiers ». De même, lors du 18 mai 2016, lorsqu'une voiture de police fut prise à partie par des manifestants et que l'un d'entre eux jeta non pas un cocktail Molotov comme l'ont asséné les médias, mais un fumigène, la justice engagea des poursuites pour tentative d'homicide. La voiture mit plusieurs minutes à brûler, laissant aux policiers largement le temps de s'en extraire (en l'occurrence avec l'aide d'un manifestant), et si l'on peut aisément comprendre la terreur de ces derniers, on peut douter que l'auteur ait réellement eu l'intention de tuer. Pourtant, l'homme cagoulé accusé d'être l'auteur de ce jet de fumigène fut condamné à trois ans de prison ferme. Et il n'est pas rare que des black blocs soient souvent condamnés à du ferme pour des jets de projectiles sur les forces de l'ordre.

Mais si on la compare à d'autres périodes de contestations politiques radicales, la violence des black blocs fait presque pâle figure. Et nul besoin de remonter à la nuit des temps. Mai 68, dont on a aujourd'hui une image romantisée, fut une pluie de pavés et une succession d'érections de barricades. Trop souvent oubliés, les sept morts lors des émeutes. Parmi eux deux policiers, dont un commissaire écrasé par un camion lancé à vive allure, apparemment par des manifestants, et un commandant de CRS, décédé en 1969 des séquelles de ses blessures consécutives à un jet de pavé. À noter aussi un homme de 24 ans tué par des tirs à balles réelles de la police.

La décennie suivante ne sera pas plus apaisée. Dans les mobilisations radicales, la violence est bien supérieure à celle d'aujourd'hui.

« Dans les années 1970, la violence était cent fois supérieure à aujourd'hui, et la répression bien moindre. Dans ces années-là, pas une manif où nous n'étions équipés de casques, barres de fer et cocktails Molotov », rappelle un ancien autonome des années 1970. Les autonomes, hostiles à toute organisation politique ou syndicale, cassaient tout ce qu'ils considéraient comme symboles du capitalisme et s'affrontaient violemment avec la police. « Aujourd'hui, il y a des fouilles en amont des manifs, le mobilier urbain et poubelles sont enlevés avant les rassemblements, apporter autant de cock [cocktails Molotov] et de matériel offensif comme nous le faisions est impossible », assure un autre autonome de cette décennie.

L'un des points culminants de cette violence fut l'attaque en règle de la Ligue communiste (trotskyste, ancêtre du Nouveau parti anticapitaliste d'Olivier Besancenot et Philippe Poutou) contre un meeting du mouvement néofasciste Ordre nouveau, le 21 juin 1973. Mille à 1500 militants, pour la plupart casqués et barres de fer à la main, prirent la route de la Mutualité, à Paris, où se tenait la réunion. « Laszlo », membre du SO de la Ligue (c'est-à-dire l'un de ses gros bras et organisateur des violences), se souvient : « À l'époque, rien à voir avec les black blocs d'aujourd'hui. Nous étions hyper-organisés et hiérarchisés, une douzaine d'entre nous avait des cocktails Molotov. On les a balancés sur les flics, parvenant à enfoncer leur première ligne. Mais devant une deuxième ligne, nous avons reflué, c'était plus ou moins prévu, nous sommes alors allés au local d'Ordre nouveau, à coups de barres de fer, on a explosé la porte blindée, et avons complètement dévasté l'intérieur. » Seuls deux militants ont été interpellés dans une camionnette avec des barres de fer et des cocktails Molotov. « À l'époque, ce n'était pas considéré comme criminel. Les types ont passé la nuit au poste et ont eu pour seule sanction une amende. » À la suite de ces événements, l'organisation d'extrême droite et la Ligue communiste furent dissoutes. Le leader charismatique de la LCR, Alain Krivine, est tout de même incarcéré pendant cinq semaines. Gageons qu'aujourd'hui, le numéro un d'un parti politique ayant sciemment organisé ce type de violences y resterait plus longtemps. Mais, même si ce 21 juin 1973 fut le point d'orgue de la violence politique de ces années-là (les archives de l'époque sont hallucinantes), ce genre d'incidents ou de batailles rangées avec la police étaient courants, sans que le pouvoir ou la presse ne parlent de bandes criminelles quasi terroristes, comme on le fait aujourd'hui. « La tolérance face à la violence politique a sérieusement diminué, analyse l'ancien autonome. Pour nous, les black blocs, c'est quasiment des bisounours. »

Des méthodes efficaces ?

La question de la violence politique armée, même si elle les agace, taraude les activistes du bloc. Personne ne l'écarte par principe, personne non plus ne la préconise *ex nihilo*. Personne n'a de réponse définitive. « Pour déclencher une révolution et parvenir au monde dont tu rêves, est-ce qu'on peut aller jusqu'à tuer par exemple des patrons, des policiers ou des ministres ? », demandé-je à Ryan, une activiste du bloc de 20 ans. Longue hésitation : « Je vais te répondre, mais je ne suis pas sûr de ma réponse, parce que je n'ai jamais été confronté à ces choix. C'est le choix que tu fais en dernier. Mais effectivement, si je pense que c'est nécessaire, qu'on en a les moyens et que la lutte va à ce niveau-là, si ça peut permettre de se débarrasser du salariat, du patronat, du patriarcat, c'est quelque chose qu'il y a à faire. Mais là, les conditions ne sont pas réunies, il faudrait avoir derrière nous une vaste insurrection populaire. » Cette réponse est peu ou prou celle généralement apportée par les activistes du bloc, sous différentes formulations : « Pour moi, la violence contre ce système injuste n'est jamais condamnable par essence, explique Steven, 25 ans. La seule question c'est : est-ce que c'est efficace ou pas ? Aujourd'hui, vu le rapport de forces, sûrement pas. »

Certains, au contraire, anticipent l'efficacité de la technique du black bloc. Arthur, 26 ans, est un antifa radical qui ne renâcle ni au coup de poing contre les « fafs » ni aux affrontements avec la police. La phrase, définitive, est lâchée comme une sentence évidente : « Le black bloc n'existe pas. » Ou tout du moins, ne fonctionne plus : « Le black bloc, en tant que tactique ne fonctionne que s'il y a un effet de surprise. Aujourd'hui, il ne sert plus qu'à désigner les cibles aux policiers. N'importe quel mec habillé avec un K-way noir, même s'il ne fait rien d'illégal, risque l'interpellation et la garde à vue. »

Les radicaux ne critiquent pas la violence lorsqu'elle est ciblée, mais l'efficacité de la technique du bloc. Lamine, autre activiste radical, nous explique qu'aujourd'hui, certains ont abandonné le mode opératoire black bloc, pour une technique plus basique, mais selon lui plus efficace : « Tu arrives avec jean et blouson classique comme n'importe quel manifestant, tu te masques le visage avec une écharpe ou un keffieh, et après la casse, tu te changes et tu ressors tranquillement. Tu es finalement moins repérable qu'un mec en noir. Tu le fais à l'ancienne en fait. » Avant leur apparition en cortège de tête, les « casseurs » étaient en effet disséminés dans la manif, et non pas tous groupés devant : « Pour les flics, c'était autrement plus compliqué du fait de la dispersion géographique des incidents. Finalement, le principal danger, c'était de se prendre une rouste par le service d'ordre de la CGT. Mais contrairement à la légende, c'était extrêmement rare qu'ils te livrent à la police. En tout cas, moi je n'ai jamais rien vu de tel. »

La critique est fréquente chez d'anciens activistes du bloc. Dans une perspective plus historique, Paul, militant radical et universitaire, plus porté vers l'analyse politique que vers les bastons (même s'il ne condamne pas la violence politique en tant que telle), est encore plus sévère : « Avec le recul, tu t'aperçois que le black bloc n'a jamais empêché quoi que ce soit ou fait reculer un gouvernement. À quoi ont servi les black blocs allemands des années 1980 ? Est-ce que ça a empêché les expulsions de squats ? Et la construction de centrales nucléaires ? Si l'Allemagne est sortie du nucléaire, ce n'est pas grâce aux affrontements avec la police, mais parce qu'il y a eu un vaste mouvement populaire. Le black bloc, ça permet juste aux radicaux de se faire repérer. » « En plus, ajoute Paul, quand tu vois par exemple Gênes, on ne peut pas dire que ça a été un succès : un mort, des centaines de blessés, des actes de torture. Ça donne des martyrs à idolâtrer un peu facilement, mais aussi des gens traumatisés qui auraient préféré ne pas servir de héros à des petits branleurs. »

Arthur, qui fait pourtant partie de la génération black bloc, ceux qui avaient 20 ans en 2016 lors de la loi travail, va jusqu'à vilipender le milieu militant radical : « C'est un milieu sectaire, fermé. En gros, ils sont 300 enfermés dans une sorte de pureté idéologique et rejettent tout le reste. Tu vas faire la révolution à 300 ? Casser des symboles du capitalisme, ça ne suffit pas. Il faut s'investir dans les syndicats, s'ouvrir aux classes populaires, aux jeunes des quartiers. Et c'est pas en disant “iel” que tu vas y arriver. »

Ces propos me rappellent une anecdote : il y a quelques années, j'ai assisté à une conférence de presse d'avocats de personnes arrêtées, accusées de s'être livrées à des violences. Des soutiens des interpellés sont dans la salle. Je discute avec un confrère journaliste, et je m'étonne du rejet systématique des radicaux envers la presse. Un militant m'entend, et m'interpelle tout de go : « Les médias, on n'en a rien à foutre. Ce sont des ennemis. » Volontiers ouvert à un échange dont il semble peu désireux, je lui rétorque : « De votre point de vue, il faudrait essayer de convaincre plus largement, et les médias sont un moyen. Vous n'allez pas faire la révolution à 300 ?

– On est bien assez nombreux comme ça », me répond-il, comme pour fermer toute possibilité de discussion.

Des propos que j'ai trouvés d'une stupidité abyssale.

« Ce rejet de tout ce qui n'est pas le milieu radical est une posture », dit Matthieu, un jeune qui a participé au bloc dès l'âge de 17 ans, et s'en est aujourd'hui distancié. « J'en connais plus d'un prêts à casser une caméra de BFM et regardant les chaînes d'info une fois rentrés chez eux, dans une délectation masturbatoire de leurs propres exploits. »

Quelques autres notes dissonantes et ironiques fusent çà et là : « Ça me fait assez marrer les réponses que tu dois avoir quand tu poses cette question de l'efficacité de la violence, ricane Arthur. Y en a sûrement plein qui font les marioles, “Ben ouais, faut y aller, on va faire la révolution, et tout le tralalala.” Facile à dire devant une bière, mais le jour, où on sera dans une vraie dictature fasciste, il n'y aura plus personne. Cette question n'a pour l'instant pas de sens, on n'en est pas là, on en est même très loin. Au lieu de ces postures, il est bien plus productif de s'investir dans les syndicats, les associations, les banlieues qui sont en première ligne dans la répression policière. » Le seul des radicaux que j'ai entendu exalter le meurtre, c'est Marco, il avait 17 ans, et toute l'excitation incontrôlée des éruptions acnéiques : « Un bon flic est un flic mort, bien sûr qu'il faut prendre les armes », m'assurait-il lors du mouvement contre la loi travail en 2016. Un exemple toutefois peu significatif : cinq ans plus tard, il a quitté ses camarades du bloc pour une vie pépère, boulot bien payé d'informaticien à la clé. Il vomit aujourd'hui les black blocs et, aux dernières élections, il a voté Éric Zemmour...

Des black blocs à la guerre contre Daesh

Le look est sage, le verbe posé, et l'allure juvénile tranche avec une maturité que l'on devine dans les expressions du visage. Rien chez ce jeune homme propre sur lui et au verbe apaisé ne laisse deviner son parcours hors du commun. Il a l'humilité de ceux qui ont fait beaucoup, mais ne la ramènent pas.

Il y a deux ans, Sébastien, 27 ans, faisait la guerre, au Rojava, le Kurdistan syrien, contre l'État islamique. La vraie, arme automatique à la main, pas celle avec des pierres contre les CRS. Pendant un an et demi, il a fait partie des forces kurdes, les seuls combattants qui, au sol et appuyés par les bombardements de la coalition alliée, ont fait tomber Daesh au péril de leur vie. Il a aussi participé à la chute de Raqqa, la capitale des djihadistes, qui a sonné le glas de l'État islamique.

Anticapitaliste, influencé par le marxisme-léninisme comme par l'anarchisme, proche de la mouvance appelliste, il a, avant cette période, participé activement aux black blocs, dès l'âge de 17 ans, et y participe encore épisodiquement.

Pour le grand public français, cet itinéraire peut surprendre : comment les black blocs, présentés comme les ennemis de la démocratie occidentale, peuvent-ils aider ce même Occident à combattre les djhadistes ? Pour Sébastien, la question est étrange, tant la réponse lui semble évidente : « Le lien, c'est la lutte contre le fascisme. Le fascisme est protéiforme, dans le monde musulman, le fascisme c'est le djihadisme. J'ai toujours été intéressé par le Proche-Orient, alors quand j'ai vu les camarades kurdes, laïques et anticapitalistes prendre les armes, j'ai voulu y aller. » Fait largement ignoré, ils sont ainsi quelques dizaines d'Occidentaux, activistes radicaux et pour beaucoup participant aux black blocs, à avoir rejoint le Bataillon international de libération.

Fin 2016, après avoir pris contact avec les Kurdes, Sébastien file vers le Rojava. Il a 22 ans et, avec une licence de Sciences Po, il se dirigeait tout droit vers une vie professionnelle réussie. Une fois là-bas, il reçoit une formation militaire de cinq semaines. « Daesh ne cessait de nous attaquer, raconte-t-il, nous étions pour eux ce qu'il y a de pire : des mécréants athées. » Son ressenti est surprenant : « Là-bas, j'ai perdu des camarades, dont mon meilleur ami. Mais, finalement, j'étais moins stressé que quand je participe aux black blocs. Lors d'émeutes, tu prends le risque d'être mutilé ou gravement blessé, ou d'aller en taule et d'avoir ta vie foutue en l'air. À la guerre, tu meurs ou tu survis. De toute façon, j'étais décidé à ne pas me laisser prendre vivant. » Plus tard, il participe à la libération de nombreuses villes : « C'était fantastique, nous étions acclamés, les femmes jetaient leur hidjab. » Étonnant, ce militant anticapitaliste combattant les djihadistes, appuyé par les frappes américaines, ce pays honni, symbole de ce capitalisme oppresseur : « C'était une alliance objective, dit-il. Tu as une ligne à gauche, celle de la pureté absolue à tout prix, et une plus pragmatique. Il faut sans cesse trouver le juste milieu entre les deux. » Un discours étonnamment centriste… Plus tard, les États-Unis lâcheront les Kurdes laïques, sans qui l'État islamique n'aurait jamais été vaincu : « Nous savions pertinemment que nous serions les cocus de l'histoire. Mais il fallait vaincre le fascisme. »

Évidemment, quand on a lutté les armes à la main contre les fascistes barbares de Daesh, la lutte des antifas français paraît dérisoire. « C'est souvent une posture, un antifascisme de salon. Il y a un côté infantile, genre "On va se faire du flic" », juge-t-il sévèrement. « Il y a aussi un côté supporter de foot. » Il est vrai que le « Paris, Paris, antifa » scandé, ça ressemble au « Ici, c'est Paris » des footeux. Sébastien a participé quelques jours auparavant à une manif contre l'extrême droite. « C'était assez nul, dit-il. Ce que j'ai trouvé le plus ridicule, c'est ce slogan entonné par les manifestants, "les antifas", en boucle comme ça pendant plusieurs minutes, c'est vraiment du narcissisme masturbatoire. »

À 27 ans, Sébastien a repris des études et se destine à travailler dans le management. Un autre paradoxe.

Le fantôme d'Action directe

Justine, étudiante en droit de 25 ans, a soudain le regard pensif, la moue songeuse et un léger plissement de sourcils qui trahissent des abîmes de perplexité, tranchant avec son habituel sourire avenant et son discours d'ordinaire limpide : « C'est la grande question que tout le monde se pose, et je n'ai pas la réponse. » Cette question cruciale, elle brûle les lèvres de tous, journalistes comme activistes radicaux : jusqu'où peut-on aller dans la violence ? Se limiter à la casse symbolique des emblèmes du capitalisme, banques, assurances, agences immobilières, sièges de multinationales ? Faut-il aller plus loin ? Prendre les armes ? Tuer ? « La grande question », répète-t-elle.

Justine se ressaisit et retrouve un peu de son assurance : « Aujourd'hui, le contexte ne s'y prête pas. La lutte armée n'a pas apporté grand-chose. Ils sont tous en taule ou morts. Et ça justifie des lois répressives. »

Si la question du risque de basculement vers le terrorisme, qui agace parfois certains militants qui y voient un caractère policier, est néanmoins légitime, c'est au regard de l'histoire contemporaine de l'extrême gauche. Queue de comète de Mai 68 et des autonomes des années 1970, Action directe, mouvement armé apparu en 1979, fut l'exemple, isolé en France, de la militarisation d'une certaine extrême gauche : mitraillage de la façade du CNPF - ancêtre du MEDEF - le 1er mai 1979, divers braquages pour financer la lutte, dont l'un fera deux morts dans les rangs de la police, assassinat du général Audran, ingénieur général à l'armement, le 25 janvier 1985 et du patron de Renault, Georges Besse, le 17 novembre 1986, avant l'arrestation des derniers membres du groupe le 21 février 1987.

Un retour aux armes d'une faction de l'extrême gauche est-il possible, vraisemblable ? Y a-t-il des signes de faible intensité ? Depuis la fin d'Action directe, aucun groupe terroriste d'extrême gauche n'a été démantelé. Comme je l'ai évoqué plus haut, l'affaire de Tarnac, après l'arrestation d'un pseudo-groupe terroriste d'ultragauche, s'est soldée par un fiasco politico-judiciaire : déclassifiée en droit commun, elle s'est conclue, aux termes de dix ans de procédure, par la relaxe de tous les mis en examen. « Je n'ai jamais entendu, de la part de mes coinculpés ou d'autres camarades, de théories sur une avant-garde révolutionnaire qui prendrait les armes pour inciter le prolétariat à se soulever », explique l'un des anciens mis en examen dans cette histoire rocambolesque.

« Il y a eu un traumatisme Tarnac, raconte Frédéric Lagache, du syndicat policier Alliance. Du coup, les renseignements et la justice sont devenus très timorés dans les enquêtes sur la violence d'extrême gauche. » Mais si la menace terroriste n'est pas prise au sérieux, c'est peut-être parce qu'elle est fantasmatique. Linda Kebbab, de SGP Police/FO, constate simplement qu'il n'y a pour l'instant « pas de signes tangibles allant dans ce sens, même si cela n'est pas à exclure à l'avenir ».

Depuis Tarnac, un seul dossier concernant l'ultragauche a été classé terroriste. Toujours à l'instruction au moment où nous écrivons ces lignes, très peu d'éléments ont filtré sur l'affaire. Le 11 décembre 2020, 7 personnes de la mouvance ont été arrêtées dans différents lieux en France, et mises en examen pour « association de malfaiteurs terroristes ». Selon la version de la police, le groupe se serait entraîné au combat avec des armes factices. D'après les informations du parquet antiterroriste, auraient aussi été retrouvés du TATP, un explosif, des billes d'acier, des jambières, des casques et un bouclier de maintien de l'ordre. Sans préjuger de la suite de l'instruction, le matériel saisi fait plus penser à un objectif d'affrontement radical avec la police en manif qu'à une volonté véritablement meurtrière.

Les services de police ont toutefois repéré quelques signes de très faible intensité : l'incendie d'un local technique d'une gendarmerie à Grenoble en septembre 2017 revendiqué par un groupuscule d'extrême gauche jusque-là inconnu, ou encore des incendies allumés devant la prison de Tarbes et une permanence du Front national de Pau pour lesquels Damien C., un militant anarchiste, a été condamné à deux ans de prison. Forfaits commis de nuit et avec toutes les précautions pour ne pas faire de blessés. Des signaux bien faibles comparés, non seulement au terrorisme djihadiste, mais aussi à la bien réelle menace terroriste d'extrême droite[1].

Black bloc et terrorisme

On est là bien loin de la définition communément admise du terrorisme : semer la terreur pour imposer ses idées par la violence, voire par le meurtre. Mais il y a le sens populaire donné à ce mot et sa définition juridique, extensible à souhait. Olivier Cahn, juriste et spécialiste des black blocs, et qui dispose de sources dans les services de renseignement, l'affirme : « Le parquet national antiterroriste et la police se posent sérieusement la question de la qualification des exactions des black blocs en terrorisme. Et il n'y a même pas besoin de changer la loi, suffisamment vague pour être sujette à interprétations. L'arsenal actuel suffit, pas besoin d'interminables débats législatifs, il suffit d'appuyer sur le bouton. » Nul besoin en effet de prendre les armes pour être juridiquement considéré comme un terroriste. L'article 422-1 du Code pénal recense tout un tas de délits commis « intentionnellement en relation avec une entreprise individuelle ou collective ayant pour but de troubler gravement l'ordre public par l'intimidation ou la terreur ». La notion de

1. Fait largement ignoré, en cinq ans, près d'une dizaine de projets terroristes et meurtriers d'ultradroite ont été déjoués, certains impliquant gradés de l'armée, policiers et même un diplomate, ex-numéro deux de l'ambassade de France au Salvador. Rien de semblable à l'ultragauche.

trouble à l'ordre public est déjà très subjective, l'intimidation aussi. Parmi les délits commis dans ce cadre, il y a bien sûr l'utilisation d'armes ou les détournements d'avions, mais aussi « les vols, les destructions, dégradations et détériorations ». Concrètement, une dégradation d'une banque pourrait être considérée comme un acte d'intimidation sciemment commis dans le but de troubler l'ordre public. Le parquet serait tout à fait fondé à le classifier en terrorisme, sans aucun changement législatif. Un simple coup de pression du ministère de la Justice et voilà les cagoulés subissant la même incrimination (terrorisme) que les barbares de l'État islamique. Au sens juridique du terme, les activistes du bloc sont, sans le savoir, des « terroristes ». Détail amusant, les délits d'initiés entrent aussi possiblement dans la catégorie « terrorisme ». Gageons, sans trop de risques, que les boursicoteurs ont moins de chances d'être poursuivis pour terrorisme que les radicaux.

Pourtant, la violence, filmée et très spectaculaire (et spectacularisée par les médias) des black blocs ne déborde guère des cadres des manifs et n'a jamais fait trembler dans les hautes sphères. Mais une inattendue lueur jaune de plus en plus incandescente va changer la donne.

8.

Bloc noir et Gilets jaunes

Jaunes, bruns et noirs

Ce 17 novembre 2018, le sommet de l'État est tétanisé et les syndicats stupéfaits. Un peu partout en France, 280 000 personnes manifestent ou occupent des ronds-points, jusque dans les plus petites bourgades de quelques milliers d'habitants. « Ce n'est pas la manifestation qui déborde, c'est le débordement qui manifeste », selon la formule employée par le média d'extrême gauche *Lundi matin*. Près de 300 000 participants, un chiffre rarement atteint dans les mobilisations sociales. Et pourtant, aucun appel des syndicats ou des partis politiques, une protestation massive organisée sur les réseaux sociaux. Inédit.

Le gouvernement, comme du reste les partis politiques, n'avait rien vu venir. Taxe et essence, le mélange est hautement inflammable. Une taxe carbone qui promettait de faire augmenter le prix du carburant, et la France s'embrase. Les Gilets jaunes sont souvent des primo-manifestants, peu politisés, issus des classes moyennes paupérisées, ou craignant de l'être. Monsieur et Madame Tout-le-monde. Inédit aussi pour une mobilisation contre le pouvoir, la manif parisienne se déroule sur les Champs-Élysées, au cœur des quartiers les plus riches de Paris. « En fait, il y avait beaucoup de provinciaux qui ne connaissaient de Paris que les Champs-Élysées », explique Giovanni, un activiste du bloc, présent dans ces manifs depuis le début.

Au départ, les Gilets jaunes sont loin de faire l'unanimité parmi les hommes et femmes en noir : l'idéologie politique est souvent confuse. Des tee-shirts de Che Guevara côtoient des jeunes faisant des quenelles, le geste antisémite inventé par Dieudonné. Quelques drapeaux rouges, mais beaucoup plus nombreux, des drapeaux tricolores, parfois frappés de la croix de Lorraine. Ce n'est pas *L'Internationale* qui résonne dans le ciel parisien, mais *La Marseillaise*. De quoi dérouter les militants internationalistes d'extrême gauche. Et surtout, des militants de l'extrême droite la plus radicale sont là. Pour certains activistes d'ultragauche, pas question de défiler avec les fachos ou même des franchouillards un poil chauvins. D'autres pensent au contraire qu'il faut rejoindre le mouvement, le politiser, lui donner une conscience de classe, le récupérer pour partie en tout cas. « En tant que révolutionnaires, on ne peut pas ne pas se joindre à un mouvement populaire de type insurrectionnel », explique Giovanni.

Au départ, pourtant, le mouvement n'a rien d'insurrectionnel : « La police avec nous », scandent certains manifestants devant les rangées de CRS. « Ils étaient incroyablement naïfs, ils pensaient qu'on les laisserait marcher sur l'Élysée, et que Macron les recevrait gentiment. Sans surprise, ils se sont pris des coups de matraque et des lacrymos, ce qui est le lot commun en manif. Ils découvrent que la police est une instance répressive », explique Giovanni.

Deux semaines plus tard, 2 décembre 2018, les visages des Gilets jaunes sont méconnaissables. Ou plutôt non visibles : nombre d'entre eux ont revêtu masques à gaz, lunettes de piscine et parfois casques. Ils ont vite appris, avec l'aide de certains black blocs. La formation sur le terrain avec des praticiens aguerris, il n'y a pas mieux. Mais à côté du jaune et du noir anarchiste, il y a aussi les néofascistes bruns. Yvan Benedetti, ancien du Front national et militant pétainiste et antisémite, est dégagé *manu militari* par les antifas. Les abords de l'arc de Triomphe deviennent le théâtre d'affrontements très violents avec les forces de l'ordre. Mais pas que : une bagarre éclate entre bruns et noirs. Les antifas finissent par prendre le dessus. Des dégradations à l'intérieur même de l'arc de Triomphe choquent profondément l'opinion publique. Les chaînes d'info, dans leur course effrénée et mortifère vers l'immédiateté, racontent n'importe quoi et attribuent, à tort, ce vandalisme au black bloc. Les auteurs sont pourtant des militants néo-nazis ou d'extrême droite qui ont été condamnés et ont reconnu les faits.

Dans les quartiers bourgeois de Paris, c'est le chaos : des manifestants fuyant les lacrymos se retrouvent avenue d'Iéna et Kléber, des quartiers très riches. Des voitures hors de prix sont brûlées, des magasins de luxe dégradés. Des militants d'ultragauche se mettent de la partie. C'est une première : jamais ni la plèbe ni les black blocs ne s'étaient attaqués directement aux puissants. Beaucoup d'activistes radicaux sont fascinés : « En comparaison, ce que nous faisions à 100 ou 200 dans les traditionnels République-Nation en pétant quelques banques paraissait dérisoire. Dans l'entre-soi militant, on se la racontait en jouant les apprentis révolutionnaires, mais là, pour la première fois, il y avait une perspective de connexion avec le peuple. La révolution, ça ne se fait pas avec des livres », explique un activiste du bloc. Néanmoins, dans d'autres villes, les Gilets jaunes « poujados » ou politiquement peu structurés semblent constituer l'essentiel des troupes, comme à Strasbourg, Annecy ou Tours. Mais les médias nationaux se focalisent sur les grandes villes comme Paris bien sûr, mais aussi Lyon, où à la fois l'extrême droite et l'extrême gauche sont puissantes. Dans l'ancienne capitale des Gaules, même phénomène qu'à Paris : le 19 février 2019, lors de l'acte XII des Gilets jaunes, de spectaculaires affrontements opposent les deux camps, et les « gauchos » prennent le dessus sur les « fachos », qui ne viendront plus dans les manifs. Il n'en demeure pas moins que, majoritairement, Gilets jaunes et extrême gauche ne sont pas sur la même longueur d'onde. Le gros des troupes en jaune déplore encore la violence, et une partie de la gauche radicale, au bagage culturel important, voit dans ces mobilisations un mouvement populiste et réactionnaire - une vision parfois teintée de mépris de classe inconscient.

Du jaune au noir

Mais progressivement, la jonction entre radicaux et des manifestants lambda va devenir effective. La manifestation Gilets jaunes du 16 mars est un point de bascule : à Paris, des Gilets jaunes font une haie d'honneur aux hommes et femmes vêtus de noir et cagoulés. Christophe Castaner, ministre de l'Intérieur, estime qu'il y avait ce jour-là quelque 1 500 black blocs, un record absolu à Paris. Des affrontements violents ont lieu entre d'un côté Gilets jaunes et le black bloc et de l'autre la police. Sur les Champs-Élysées, les dégradations sont nombreuses, l'emblématique restaurant de luxe le Fouquet's est incendié. De nombreux Gilets jaunes et le bloc font corps. Peu de manifestants se désolidarisent de la violence. Difficile de donner tort à Christophe Castaner qui dénonce « une immense complaisance des Gilets jaunes vis-à-vis des cagoulés ». Presque un euphémisme.

Comment en est-on arrivé à cette jonction ? Les radicaux ont finement joué le coup, semble-t-il, sans s'imposer dès le début. « Les black blocs sont venus nous voir, explique Antoine, un Gilet jaune d'une quarantaine d'années. Ils nous ont dit qu'ils étaient là au cas où on aurait besoin d'aide, qu'ils savaient comment résister à la police. Ils étaient là, cagoulés, mais très peu actifs. C'était notre manif. Avec la répression violente, les tirs de LBD 40, ils sont venus nous aider. » Le militant révolutionnaire Giovanni nous raconte, rigolard : « Pour certains Gilets jaunes, nous étions en quelque sorte le service d'ordre protégeant la manif des assauts policiers. » Me mêlant aux manifestants, je vois de nombreux cagoulés en gilet jaune qu'on devine, à leur allure, plus âgés que les habituels jeunes du bloc. De quoi faire trembler le pouvoir et la police. « Une fusion entre Gilets jaunes radicalisés et le bloc, c'est un mélange explosif », me raconte un policier des services de renseignement.

La presse, jamais avide de néologismes foireux, parle alors d'« ultrajaunes », autrement dit des Gilets jaunes radicalisés, « blackblocisés », en quelques mois seulement. C'est le cas d'Alban, que j'ai rencontré par le biais d'un activiste d'ultragauche que je connais. Étonnant parcours : ce grand gaillard à la carrure d'armoire à glace, père de deux enfants, est devenu un professionnel du bloc à l'âge de 45 ans. « Je n'avais jamais milité nulle part, de toute ma vie, j'avais fait une seule manif quand j'étais en troisième, je sais même plus pourquoi, c'était plutôt une grande déconnade. » Jeune, il s'engage dans l'armée, puis travaille sur des chantiers et gagne plutôt bien sa vie. Mais la politique l'indiffère : « On n'en parlait jamais avec mes potes ou ma famille. Je votais quand même, à gauche, par habitude. Je considérais les politiques comme des pourris. La taxe sur l'essence a été la goutte d'eau. » Il rejoint les Gilets jaunes dès le début. « Il y avait des apolitiques, l'extrême droite et l'extrême gauche. Moi j'ai jamais pu blairer l'extrême droite. Au fil des rencontres, je me suis rapproché de l'extrême gauche. La violence policière m'y a aussi poussé[1]. J'ai

1. À propos de ces violences policières, voir le film de David Dufresne, *Un pays qui se tient sage*.

vu les black blocs agir offensivement, ils savaient s'opposer à la police, nous défendaient. C'est des mecs sur qui on peut compter, ils te ramassent, ils savent se battre contre les flics. Je me suis dit : "C'est des camarades, faut les rejoindre." J'ai regardé comment ils faisaient, quand ils se changeaient cachés par des parapluies, les équipements défensifs, lunettes, masques contre les lacrymos. Je suis passé du jaune au noir. » Aujourd'hui, Alban se dit anticapitaliste et antifasciste, « prêt à mourir pour un avenir meilleur pour nos enfants ». Il croit en la révolution, mais au détour d'une phrase, il parle aussi de « l'amour du drapeau français ». L'activiste d'ultragauche qui a organisé notre rencontre le reprend, ironique : « Ben et l'internationalisme, alors ? », comme pour souligner une formation politique révolutionnaire pas encore tout à fait aboutie.

Paradoxalement, certains éléments radicaux regrettent que les black blocs se soient mêlés aux affrontements. « Les black blocs n'ont pas véritablement joué de rôle dans le mouvement », explique Patrick, militant radical nantais, qui n'a rien par principe contre la violence politique mais ne participe pas au bloc : « Ce sont les Gilets jaunes, des classes populaires qui ont fait vaciller le pouvoir, ce que le bloc, composé majoritairement d'une élite politisée ultra minoritaire, n'a jamais réussi à faire. Le 16 mars marque le début du déclin des Gilets jaunes. La révolte est récupérée et perd de sa puissance populaire, spontanée et imprévisible. Elle devient un rituel. » De fait, les Gilets jaunes continuent à manifester chaque samedi, mais de moins en moins nombreux.

Le mouvement s'étiole, et la crise du Covid, à partir de mars 2020, marque la fin - provisoire ? - des manifestations.

Un bloc jauni par le temps

En décembre 2020 et janvier 2021, des manifestations reprennent. C'est la loi sécurité globale - qui, entre autres, rend punissable le fait de filmer des policiers dans l'exercice de leurs fonctions - qui met le feu aux poudres. Pour le pouvoir, il s'agit de protéger les policiers contre toute possibilité d'identification, et donc de menaces, voire d'agressions potentielles. Personnellement, comme la plupart des journalistes, je trouve cet argument fallacieux : avec leurs casques et leurs visières, les CRS sont inidentifiables. Et même lorsqu'ils ne les portent pas, jamais, au grand jamais, des images de journalistes ou de militants n'ont provoqué d'agressions contre des policiers. Je me rends donc à ces mobilisations, cette fois-ci en tant que manifestant, considérant qu'il y a là une atteinte à la liberté de la presse. Je ne suis pas le seul : même la Société des journalistes du *Figaro*, qui n'est pas vraiment un organe de propagande gauchiste, y participe[1].

1. La loi sécurité globale prévoyait notamment, en son article 24, l'interdiction de filmer des policiers en service, ce qui déclencha l'inébranlable hostilité des médias et des black blocs, pour une fois du même côté. Réunir dans une même manif des activistes du bloc et la société des journalistes du *Figaro* est une de ces performances dont seul le très sécuritaire ministre de l'Intérieur, Gérald Darmanin, a le secret.

Quelques affrontements éclatent çà et là. Je croise quelques têtes familières d'activistes du bloc que j'avais rencontrés au moment de la loi travail en 2016. Ils sont « en civil » et ont visiblement pris leur retraite. Sarcastique de nature et sachant que ceux-là ont de l'humour, je me moque ouvertement d'eux : « Alors les gars, on déteste les médias mainstream et on pète des caméras, mais quand on nous bâillonne, vous nous trouvez quelque utilité. Vraiment, c'est super sympa à vous de venir nous soutenir, nous, les journaleux, même ceux du *Figaro*. Franchement merci. » Ils rient, sachant que ce paradoxe comporte une part de vérité. Puis, une réplique bien trouvée : « Remercie surtout Darmanin qui, grâce à ses lois et ses pratiques répressives, a amené à nous les Gilets jaunes, et maintenant les journalistes. »

Je me fonds au milieu du petit bloc qui s'est formé, et je constate qu'il a radicalement changé. Malgré les cagoules, la physionomie et la forme physique de celles et ceux qui se frottent aux flics trahissent leur jeunesse. Certains sont très vraisemblablement mineurs. D'autres ont visiblement un âge bien plus avancé. Mais ce sont surtout les slogans et invectives contre les flics qui m'interpellent : « Les putes à Macron, les putes à Macron », des injures comme « Pédés », « Suceuses », « Vous n'avez pas de couilles au cul », adressées aux forces de l'ordre, ne sont pas franchement le genre des radicaux, qui se revendiquent féministes et contre l'homophobie. Ils ont des slogans parfois d'une violence inouïe, comme des « Suicidez-vous » adressés aux forces de l'ordre, mais jamais rien de misogyne ou homophobe. Ne signalant pas ma qualité de journaliste, puisque, en l'espèce, je fais partie des manifestants, je discute à la volée, profitant des rares accalmies, avec quelques cagoulés, m'étonnant de ces propos. Un type du bloc, que je devine, à son allure et à sa voix, approchant au moins la quarantaine, me répond, comme s'il avait affaire à un pinailleur focalisant sur des détails sans importance : « Non mais attends, "pute" ou "pédé", c'est juste une façon de parler, on s'en fout. » L'homme a juste le temps de me dire qu'il vient de la lointaine banlieue et qu'il ne s'est mis à manifester qu'au moment des Gilets jaunes que je le perds de vue lors de jets de lacrymos douloureux. Mais ce qui m'étonne le plus, c'est que personne dans le bloc ne semble trouver quelque chose à redire à ces propos inhabituels.

Je m'en enquiers auprès de Zoé, 21 ans, très engagée dans le féminisme radical et les luttes LGBT. Je la connais un peu, elle défile tantôt cagoulée, tantôt non. « L'arrivée des Gilets jaunes a changé la physionomie du bloc, explique-t-elle. Sont arrivées des classes beaucoup plus populaires, ils emploient un langage populaire. Certains les engueulaient, leur faisaient la morale quand ils employaient des termes comme "pédé" ou "salope". Ça ne sert à rien, sinon à accentuer le fossé entre eux et nous. Il faut expliquer pourquoi, selon nous, la lutte contre les injustices sociales et les discriminations, par exemple envers les femmes ou les homosexuels, fait partie d'une même lutte globale. » Et parfois ça marche. Milan, 18 ans à peine, qui manifeste dans le bloc depuis l'âge de 15 ans, juge lui aussi qu'il ne faut pas rejeter ces nouveaux venus employant parfois des termes homophobes ou sexistes : « J'ai rencontré un Gilet jaune qui, petit à petit, nous a rejoints. Au départ, les "pédés", "fils de pute", "salope", ça fusait. Petit à petit, en parlant avec lui, on lui a fait prendre conscience de ce qu'était l'homophobie, le sexisme, pourquoi c'était le même combat que l'antiracisme ou l'anticapitalisme. Aujourd'hui, jamais il n'emploierait ces mots. » « On ne fait pas la révolution sans le peuple », souligne un autre activiste, partisan d'une certaine indulgence vis-à-vis de ce langage. C'est à nous de le rejoindre, pas à lui. Et c'est pas en disant "iel" ou en leur imposant l'écriture inclusive que tu vas y arriver. »

Des puristes, au contraire, ont déserté le bloc à cause de ces dérapages et du manque de structuration politique de nombreux Gilets jaunes : « Quand tu vois que le bloc anarchiste est devenu un ramassis de types cagoulés avec un gilet jaune qui chantent *La Marseillaise*, tu te dis que t'as plus rien à faire là. Il n'y a plus d'idéologie, juste des gens unis par la seule volonté de se cartonner avec la police. Je n'y vais plus », dit le jeune homme de 26 ans. Louis, 19 ans seulement (il a commencé au sein du bloc à 16 ans), participe parfois aux manifs Gilets jaunes mais reste très réservé : « Le bloc, c'est une solidarité, une entraide. Si l'un se fait arrêter, d'autres vont tenter de le libérer. Les Gilets jaunes, j'ai pas confiance. Je me suis déjà retrouvé en difficulté, et personne n'était là pour me venir en aide, ils détalaient tous. Et il y en a, c'est vraiment des charlots, ils font les marioles en se filmant en Facebook live, au risque de permettre l'identification d'autres personnes. C'est très narcissique et individualiste, ils y vont comme au spectacle. »

Mais à tout bien considérer, entre ceux qui ont quitté le bloc et les Gilets jaunes qui l'ont rejoint, le solde est positif, et le nombre de radicaux « offensifs », comme on dit dans le milieu, a augmenté.

Le virus est-il révolutionnaire ?

Dans cette période confuse où le bloc ne sait plus trop s'il est noir ou jaune, populaire voire populiste, ou élitiste avec sa cohorte de diplômés surinformés et à la culture politique structurée, un élément inattendu va jouer les invités surprises et souligner la fracture subsistant entre blacks blocs et certains Gilets jaunes : un microbe. Le coronavirus va paralyser la planète, mais aussi faire cesser toutes les contestations sociales. Confinement, chacun chez soi, plus de manifs, plus de rencontres et de débats dans des lieux militants.

À l'ultragauche, certains se réjouissent de ce grain de sable qui vient enrayer une machine capitaliste aux rouages pourtant parfaitement huilés, comme les animateurs de *Lundi matin*. Dans son numéro 234 du 21 mars 2020, le média publie un long texte, « Monologue du virus », dans lequel on peut lire : « Je suis venu mettre à l'arrêt la machine dont vous ne trouviez pas le frein d'urgence. » Dans une prophétie loin d'être autoréalisatrice – et finalement pas si éloignée que ça du mythe du fameux « monde d'après », dont médias et politiques nous rebattaient les oreilles –, les « appellistes » voient dans le virus une occasion unique de prise de conscience de l'absurdité de l'ordre régnant : « Remerciez-moi de l'épreuve de vérité des semaines prochaines : vous allez enfin habiter votre propre vie, sans les mille échappatoires qui, bon an mal an, font tenir l'intenable. [...] Remerciez-moi pour tout cela, et bienvenue sur Terre ! »

Chez nombre de militants radicaux, qui voient d'abord dans cette pandémie l'arrêt forcé des luttes en cours, dont celle des Gilets jaunes, et s'inquiètent des conséquences sociales et sanitaires chez les plus vulnérables, cette lyrisation du virus est peu appréciée. Plutôt que de fantasmer un virus salvateur, l'activiste du bloc Zoé est bien plus pragmatique : elle participe à des « brigades de secours populaire », mises en place par des radicaux pour venir en aide aux plus démunis et aux plus isolés : « En pareil cas, il ne faut pas non plus cracher complètement sur le réformisme », dit-elle étonnamment. Et les appellistes se réjouissant du virus qui vient gripper la machine l'agacent : « Le virus révolutionnaire, franchement, ils rêvent, les mecs. Eh, les gars, vous savez que ce virus fragilise les plus pauvres, fout un tas de gens dans la merde. Le virus révolutionnaire, c'est vraiment à côté de la plaque, une vision de gens à l'abri des problèmes matériels. » Le texte ravive les critiques sur l'élitisme de *Lundi matin*. On lui reproche même une vision de classe.

Dans un blog de *Mediapart*, un certain Mérôme Jardin – un pseudonyme – relève avec une certaine pertinence : « Le texte dissimule mal l'appartenance sociale de ses auteur·e·s et leur incapacité à s'en décentrer pour offrir une lecture de classe (mais aussi de race, de genre, en fonction du handicap ou de l'âge) de la pandémie : "Grâce à moi, pour un temps indéfini, vous ne travaillerez plus, vos enfants n'iront pas à l'école, et pourtant ce sera tout le contraire des vacances [...] Je vous désœuvre." *Lundi matin* refuse donc de s'adresser à celles et ceux qui travaillent encore : les personnels hospitaliers, parmi lesquels les personnes chargées du ménage (laissées avec encore moins de protection que les soignant·e·s) infirmières et aides-soignantes, les aides à domicile, les éboueurs, les caissières, les postiers, les livreurs, brimés par les Amazon ou Deliveroo, les ouvriers des usines encore ouvertes, les cheminots et conducteurs de bus, etc. C'est-à-dire les travailleur·se·s précaires, comptant de plus dans les secteurs les plus durs des taux majoritaires de personnes racisées. »

« *La romantizacion de la cuarentena es un privilegio de classe* » (« la romantisation de la quarantaine est un privilège de classe »), dit une grande banderole accrochée sur la façade d'un immeuble en Espagne. Pas faux.

Le pass de la discorde

L'instauration d'un pass sanitaire provoque des manifestations importantes en juillet 2021. L'extrême droite qui, depuis des mois, surfe sur le négationnisme sanitaire, s'y précipite. Les antivax et les complotistes aussi. Parmi eux, de nombreux Gilets jaunes. Et une partie de l'extrême gauche, favorable au vaccin (et appelant même à une vaccination massive des classes défavorisées et des personnes isolées) également : chez les libertaires, la mesure autoritaire du pass sanitaire ne passe pas. Une autre partie de l'extrême gauche s'abstient. En catimini, même certains activistes d'ultragauche murmurent qu'ils sont favorables au pass : « C'est la seule manière de protéger les plus fragiles. On peut être pour le pass et viscéralement hostiles à Macron », susurre ainsi Simon, comme s'il me signifiait : « Surtout ne le dis à personne. » À Paris, différentes manifestations sont organisées, séparant ainsi extrême droite et extrême gauche.

Ailleurs c'est différent : dans la même manif se côtoient antivax, complotistes, extrémistes de droite et militants d'ultragauche. Des bagarres éclatent un peu partout entre « gauchos » et « fachos ». C'est le cas notamment à Nantes, Montpellier ou Toulouse. Les Gilets jaunes sont divisés : certains se mêlent aux troupes de gauche et d'extrême gauche. D'autres fricotent avec l'extrême droite. Des activistes habituels du bloc se rendent à ces mobilisations. Mais, fait notable, aucun bloc en noir ne s'est formé dans ces manifs pour affronter la police. « Moi, en tant qu'anti-autoritaire, j'y vais par principe, explique l'un d'entre eux. Mais bon, après de nombreuses mesures liberticides, le pass, franchement, c'est pas ce qu'il y a de pire. On n'a pas envie d'organiser un bloc au milieu de complotistes délirants, souvent proches de l'extrême droite, qui prétendent défendre la liberté. »

Un complotisme révolutionnaire ?

Peut-il exister un complotisme révolutionnaire ? Doit-on laisser le monopole du complotisme à l'extrême droite ? C'est la curieuse question posée dans un ouvrage au titre provocateur : *Manifeste conspirationniste*, publié en 2022 par une maison prestigieuse, les éditions du Seuil. Un livre anonyme dont, je l'avoue, je n'ai pas réussi à lire plus de quinze pages.

Dans un style que je trouve ampoulé, abusant grossièrement d'un lyrisme de pacotille, le ou les auteurs défendent l'idée selon laquelle le conspirationnisme, même lorsqu'il est confus, procède d'une prise de conscience révolutionnaire. Avec des arguments curieux : le ou les auteurs remarquent que le Covid est apparu à un moment où se développaient un peu partout dans le monde des mouvements insurrectionnels : en France avec les Gilets jaunes, au Chili, en Algérie, au Liban, à Hong Kong, en Irak, en Algérie. De là à dire que la maladie a été créée à cet effet, il n'y a qu'un pas, qui n'est pas ici explicitement franchi.

La presse attribue la paternité de l'ouvrage au Comité invisible, déjà auteur de trois livres (*L'Insurrection qui vient*, *Maintenant* et *À nos amis*). Ce collectif informel gravite autour de Julien Coupat et du groupe dit de Tarnac, et est proche de *Lundi matin*. Mais *Lundi matin* condamne rapidement l'ouvrage, considéré comme « inacceptable par les temps qui courent ». En fait, l'auteur en est Julien Coupat seul, contre les convictions de ses anciens amis. Cette tentation « conspirationniste » peut-elle séduire des black blocs anticapitalistes, prompts à dénoncer les manœuvres des puissants pour étouffer toute contestation ? « Sûrement pas, tranche un activiste trentenaire. L'influence de Julien Coupat sur le bloc est proche de zéro. »

Ces dernières années, pour cause de pandémie, le bloc n'est presque plus réapparu. Mais il sommeille, et se réveille parfois brutalement. La candidature d'Éric Zemmour va servir de dopant. De nombreux déplacements du candidat d'extrême droite sont perturbés par des antifas et des éléments du bloc, qui ressortent leurs cagoules. Des affrontements ont lieu notamment à Nantes et Paris. Par-dessus leur tenue noire, certains portent des gilets jaunes. Alban, le Gilet jaune « black-bocisé » de 47 ans, y va sans hésiter, affrontant la police : « J'étais confus politiquement avant, mais j'ai jamais aimé les fachos. » Si certaines figures des Gilets jaunes ont rejoint Zemmour (notamment Benjamin Cauchy, dont les accointances avec l'extrême droite sont anciennes, et la folklorique ex-voyante Jacline Mouraud), beaucoup se situent aujourd'hui dans la mouvance antifa. Dans les manifs contre l'extrême droite auxquelles j'ai assisté, des Gilets jaunes parfois (mais rarement) cagoulés renforcent les rangs du bloc radical.

9.

Qui se cache sous les cagoules ?

Une vie de black bloc : la retraite à 30 ans

Qui se cache sous ces cagoules et ces vêtements noirs ? C'est la question qui taraude tout le monde, grand public comme journalistes, chercheurs, politiciens. Une question incongrue, perçue comme illégitime, comme un quasi-viol, par certains activistes. « On s'en fout complètement de savoir qui se cache derrière les cagoules. Thierry, si on met des cagoules, c'est pas pour que tu tires dessus ! », est-il écrit à mon adresse dans un texte du site Paris-lutte.info le 21 mars 2017, alors que je posais cette question en introduction de mon documentaire « Nous sommes tous des casseurs ».

Les cagoules servent à anonymiser pour se protéger des arrestations bien sûr, mais elles créent aussi un univers fantasmatique déroutant : quoi de pire pour un pouvoir que de ne pas savoir qui sont ses ennemis ? Et quoi de plus tentant et de plus rassurant que d'accoler un profil type à ces ennemis fantomatiques et insaisissables ? C'est bien pour déjouer cette tentative que les activistes des black blocs sont réticents à s'aventurer sur le terrain d'un portrait type.

« Les médias sont obsédés par l'idée de dresser un profil sociologique type. Mais la réalité, c'est que ça n'existe pas. Dans le bloc, tu vas retrouver un thésard, un prof, un employé de bureau ou un mec qui bosse à l'usine, m'explique une activiste nantaise. Les flics veulent absolument nous cataloguer, nous catégoriser, imaginer des structures, des organisations, des chefs. La réalité est tout autre : le bloc est un mouvement spontané de révolte, une sorte d'autodéfense populaire par rapport à la violence policière et du capitalisme. »

Une vision romantique de black blocs composés d'opprimés, des classes populaires, des classes moyennes. Ainsi, un communiqué de militants italiens affirmait : « Voulez-vous voir les visages sous les foulards, les casques, les cagoules ? Ce sont les mêmes qui vous versent un loyer pour des logements décrépits. Ce sont les visages qui préparent votre cappuccino, ce sont les visages de celles et ceux dont le sang est drainé par la précarité, dont la vie est de la merde, et qui n'en peuvent plus[1]. »

L'idée reçue véhiculée par les médias est que les black blocs sont des Blancs, fils de bourgeois. Pas forcément contradictoire avec la réalité que dépeignent les activistes italiens, tant la mobilité sociale descendante est de plus en plus courante chez les classes favorisées[2].

---

1. Une composition qui englobe finalement beaucoup de monde dans la jeunesse : étudiants paupérisés travaillant tard le soir dans des cafés, intermittents du spectacle ayant du mal à payer leur loyer ou jeunes travailleurs accumulant les contrats courts et ne parvenant pas à boucler leurs fins de mois.
2. Voir le « Portrait social » de l'Insee, 3 décembre 2020.

Sans parler de l'origine sociale, le point commun le plus frappant des militants du bloc est leur jeunesse. Une simple observation sur le terrain permet de le constater : nombre des activistes sont lycéens, parfois de 15-16 ans à peine. « On n'imagine pas, explique l'un d'eux, mais c'est hyper-physique, avec des risques. Beaucoup d'entre nous alternent les manifs en mode tranquille et en mode black blocs. Et puis, au bout d'un moment, les gardes à vue, les condamnations éventuellement, ça use. À 25 ou 30 ans, beaucoup prennent, entre guillemets, leur retraite. »

Logiquement, les black blocs sont donc souvent des lycéens et des étudiants. Beaucoup ont aussi commencé très jeunes, comme Milan, 18 ans, participant au bloc depuis l'âge de 15 ans. « En première, j'étais déjà dans le bloc. Mais là, je me suis tapé plusieurs gardes à vue, j'ai même eu une perquise chez mes parents, alors je me suis calmé. Je reste solidaire, je vais dans le cortège de tête, mais pacifiquement, sans commettre aucun délit. » Le turn-over et le renouvellement des troupes est donc très important. Milan a pris sa retraite à 18 ans.

Travailleurs et étudiants, rarement chômeurs

Si j'avais à me hasarder à une statistique bien présomptueuse et approximative, je parierais plutôt sur un taux de chômage des activistes du black bloc inférieur à la moyenne nationale. Aucune valeur scientifique, néanmoins mon expérience me conduit intuitivement à le penser : parmi tous les activistes que j'ai pu rencontrer, aucun n'était chômeur, aucun n'était déclassé socialement ou en rupture familiale. Il y a néanmoins des branches qui, visiblement, attirent plus que d'autres les activistes radicaux. Les étudiants - une grande partie du bloc - ont plutôt tendance à s'orienter vers les sciences sociales ou les matières littéraires (sociologie, psychologie, histoire, lettres modernes, langues étrangères) que les matières scientifiques. Pour ceux qui travaillent, beaucoup sont dans le spectacle (organisateurs de concerts, comédiens, réalisateurs) ou dans tout ce qui relève de la création artistique (dessinateurs, mode, monteurs vidéo). D'autres sont chercheurs ou profs. Des métiers souvent intellos aux revenus moyens donc, mais pas que : certains travaillent dans le secteur caritatif, d'autres accumulent les petits boulots dans la restauration, certains sont livreurs, infirmiers, éducateurs spécialisés. J'ai même rencontré une directrice de crèche. Plus rares, des informaticiens ou cadres sup gagnant bien leur vie, et même un pompier, arrêté le 20 avril 2019 en possession de cocktails Molotov, lors d'une manif Gilets jaunes. Il a été condamné à dix mois de prison avec sursis. Plus surprenant encore, un centralien, consultant au salaire confortable de 4 200 euros net, a été interpellé parmi le black bloc le 1er mai 2018. Autre cas, inconnu des médias car vite étouffé tant l'affaire était sensible : un informaticien travaillant à la préfecture de police s'est fait interpeller avec marteau, burin et divers projectiles dans un contrôle en amont d'une manif. Il a fait l'objet de sanctions disciplinaires, mais pénalement, l'affaire est passée à la trappe.

Des fils à papa ?

« Black blocs : un mouvement de fils de profs ? » Le bandeau qui s'affiche en gros sur BFM ce 6 décembre 2020 pour illustrer un débat sur le mystérieux profil des cagoulés sonne à la fois comme un cliché et une provocation. Les black blocs seraient des fils de bourgeois et d'intellos. Un remake du gosse de riches soixante-huitard. Excessif, le stéréotype recouvre néanmoins une certaine réalité. « Je suis un peu un cliché du black bloc fils de prof, explique, gênée, Jade, militante nantaise. Mon père est prof de lettres modernes, ma mère est écrivain. Ce n'est pas le seul profil, mais il faut le reconnaître, nous sommes nombreux dans ce cas », susurre-t-elle, presque comme pour s'excuser. Zoé, autre militante du bloc, le reconnaît plus franchement : « Dans la majorité des cas, les black blocs viennent de milieux culturellement favorisés, mais pas forcément financièrement. Le cas typique, c'est le fils ou la fille d'instit, de prof, d'universitaires, d'artistes ou d'intermittents du spectacle. Mais pas forcément riches non plus, les fils de bonne famille qui font une crise d'adolescence, c'est un cliché un peu facile. » Est-on un privilégié quand on est enfant d'instituteur ?

Un cas emblématique : l'activiste radical le plus connu de France (mais dont la participation aux black blocs n'a jamais été formellement démontrée), Antonin Bernanos, le jeune homme condamné à 3 ans de prison ferme dont deux avec sursis (bien qu'il ait toujours clamé son innocence) pour avoir frappé un policier dans l'affaire de l'incendie de la voiture quai de Valmy à Paris, le 18 mai 2016, en pleine loi travail. Arrière-petit-fils de l'écrivain Georges Bernanos, il est devenu, aux yeux de la droite, de l'extrême droite, de la police et du gouvernement, le symbole de cette gauche bourgeoise et privilégiée qui constituerait le black bloc. C'est très exagéré : le père d'Antonin Bernanos est un intermittent du spectacle aux revenus très fluctuants. Sa mère est fonctionnaire territoriale. Pas franchement la grande bourgeoisie, malgré un nom de famille passé à la postérité.

Hormis Lamine – dont je dresserai plus loin le portrait –, le seul enfant de véritable prolétaire que j'ai rencontré est Milan, un jeune de 18 ans : « Mon père est arrivé en France à l'âge de 26 ans, raconte-t-il. Il est resté longtemps sans papiers. Il travaillait sur des chantiers. Depuis, il a été régularisé et est devenu cadre, mais à la base c'est un vrai prolo. Mais c'est vrai que c'est très rare. »

Autre fait notable : la plupart des activistes que j'ai rencontrés ont des parents pas forcément très politisés, mais votant généralement à gauche. Et plutôt PS qu'extrême gauche. Je n'ai connu que quelques très rares cas d'activistes dont les parents votaient à droite.

Et les quartiers populaires ?

Les militants le reconnaissent : les jeunes des quartiers populaires sont traditionnellement très peu nombreux dans le milieu militant d'ultragauche. Un paradoxe pour des activistes dont l'insurrection populaire anticapitaliste est le totem suprême. Selon les services de renseignement, il n'y a guère plus de 2 000 personnes en France susceptibles de s'adonner aux violences de rue lors de manifestations politiques. « C'est clair, c'est pas avec ça qu'on va faire la révolution », se désole un activiste du bloc, qui regrette « l'entre-soi » du milieu militant radical. Les activistes du bloc se sentent pourtant solidaires des quartiers dits sensibles : « C'est dans les banlieues qu'a d'abord été utilisé le flashball par exemple, reprend ce militant. Ce que nous subissons dans les manifs, les quartiers dits sensibles le subissent depuis des années, dans l'indifférence des médias. »

Zoé, 21 ans, le reconnaît sans ambages : « Le bloc reste très majoritairement composé de classes moyennes blanches, c'est notre gros échec. » D'autant plus regrettable que les révolutionnaires du bloc n'ont de cesse de dénoncer « le racisme systémique de l'État ». « Les quartiers populaires et les banlieues sont les premières victimes de la répression, analyse Giovanni, 37 ans, un âge déjà canonique dans les black blocs. Ils servent de zones tests pour la militarisation de la police. » Jade, militante nantaise surdiplômée, avance une explication : « Pour un "racisé" d'un quartier populaire, aller à l'affrontement avec la police est bien plus risqué que pour nous. La justice de classe et encline au racisme va avoir la main beaucoup plus lourde que pour un Blanc, d'autant plus qu'il a souvent un casier. » Giovanni, fan de foot, ose une métaphore : « Les centres-villes où il y a des manifs, les mecs de banlieue ne connaissent pas. Ils jouent en quelque sorte à l'extérieur. Leur terrain de lutte, ce sont les émeutes de banlieue. » « Quand tu es issu d'un milieu défavorisé, et que ton principal problème, c'est ta survie, tu as autre chose à foutre que te plonger dans l'action politique radicale, développe Jade. Tu songes surtout à éviter la garde à vue et la prison qui font partie de ton univers. Tu vas pas prendre ce risque pour un idéal anticapitaliste, tu le prends éventuellement pour améliorer ton niveau de vie, à coups de petits vols ou de trafics », ajoute Jade.

« La jonction avec la banlieue, c'est à la fois un fantasme de gauchistes et de flics. Les premiers en rêvent, les seconds le craignent », explique un autre activiste. Un peu la version moderne de l'alliance étudiants/ouvriers que cherchaient les soixante-huitards, qui a connu une certaine réalité dans les années 1970 sans réellement perdurer. « L'idéologie radicale des autonomes et la force de frappe des banlieues, c'est un mélange détonnant, la hantise de la police », me confie un policier des services de renseignement, aujourd'hui retraité. La fameuse « convergence des luttes ».

Banlieues/black blocs, deux mondes hermétiques ? Pas tout à fait. Si le bloc reste très blanc, un rapprochement commence à se faire. C'est notamment le cas dans les manifs contre les « violences policières », qui ont lieu le plus souvent dans les quartiers sensibles. « C'est clair, c'est pas sur les bancs de la fac ou dans les réunions militantes souvent très fermées qu'on se rencontre, explique Arnaud, activiste du bloc. Dans les mobilisations contre les bavures en revanche, les deux mondes se côtoient. » Souvent, les black blocs se rendent aux protestations, mais restent pacifiques, par respect pour les familles qui demandent qu'il n'y ait aucune violence.

J'ai effectivement eu du mal à rencontrer des militants radicaux venant de banlieues difficiles, sans diplôme universitaire, *a fortiori* « racisés », comme l'on dit dans le milieu militant. Cela ne signifie pas forcément qu'ils soient complètement marginaux, tant il y a un biais classique, que l'on retrouve à peu près dans tous les sujets journalistiques, qu'ils soient politiques ou pas, jusqu'aux moindres faits divers : les catégories traditionnellement discriminées (femmes et personnes « racisées » notamment) ont une propension à ne pas vouloir parler aux journalistes, par peur de « dire des bêtises » ou de « mal s'exprimer » : « C'est sûrement pas très clair ce que je te dis », s'excuse ainsi le militant Lamine, la petite quarantaine. Le discours est pourtant parfaitement structuré, la parole oscillant entre langage soutenu et argot des banlieues.

Lamine, un cas à part

Son cas mérite que l'on s'y attarde un peu. Ce Franco-Sénégalais vient d'une banlieue parisienne déshéritée. Très jeune, il se révolte contre les injustices sociales : « Tu te couches avec une injustice, tu te réveilles avec une injustice. L'injustice elle est partout. » Très tôt, il acquiert une conscience politique élaborée, ce qui n'est pas si fréquent dans les « tess » (« cités » en verlan). « Ado déjà, j'allais en manif, se souvient-il. Je proposais à mes potes de venir avec moi, j'arrivais à en ramener un ou deux parfois. Mais c'est tout. Le barrage psychologique de traverser le périph est trop fort. » Lamine a grandi dans un univers parallèle, loin de la France généreuse, de l'idéal républicain, de l'État social et protecteur. « Le trafic de drogue, les bagarres, les overdoses, les armes, les allers-retours en prison faisaient partie de mon environnement. » Parallèlement, alors qu'il commence à se livrer à des violences en manif, il entame un parcours dans la délinquance : des braquages et quelques années de prison : « Dans le monde où j'ai grandi, c'est assez banal », dit-il, le ton badin. Un cas atypique : rares sont les activistes du bloc qui ont un casier, hors délits en manifestation. Les manifs, Lamine connaît, il est un genre de globe-trotter de la subversion radicale : « À part à Lille, où je ne suis jamais allé, j'ai fait toutes les grandes villes à chaque mobilisation. J'ai des contacts partout en France. » Au début des années 2010, il s'est fait arrêter, avec une dizaine d'autres personnes, dans un hangar désaffecté que la police soupçonnait d'être une fabrique à cocktails Molotov. Mais il a été relaxé. Il n'a jamais été condamné dans le cadre de ses activités militantes.

Mais vis-à-vis des jeunes antifas et radicaux d'aujourd'hui, il affiche le dédain du voyou pour le cave, du cow-boy pour le pied-tendre, du travailleur pour l'ouvrier de la douzième heure : « Ceux d'aujourd'hui se la racontent et font un peu n'importe quoi en manif. » Lui est un artisan qui aime le travail bien fait et ne supporte pas l'approximation. « Moi, j'ai appris à me battre, raconte-t-il, je me suis engagé dans l'armée, je sais utiliser des armes, *a fortiori* des cocktails Molotov. Dans une manif, faut pas faire n'importe quoi. Les affrontements avec les flics, tu restes vingt minutes pas plus. » Lors des manifs, il a sympathisé avec un autre militant de longue date, d'un milieu populaire lui aussi. « C'est mon binôme en manif, on se protège mutuellement. À part ça, je ne connais pas beaucoup de mecs du bloc. » La jonction avec les banlieues, ritournelle du bloc, n'est pas près de se faire.

L'homme m'intrigue. Ce grand escogriffe parle d'une voix douce, apaisée, toujours le sourire aux lèvres, plaisantant volontiers, tout en disant en même temps qu'un jour il faudra peut-être prendre les armes, qu'il faut s'y préparer. « Tu sais, je rigole comme ça, j'ai l'air cool, mais j'ai une rage intérieure en moi, tu peux pas savoir. » Nous fumons tranquillement une cigarette à l'extérieur du café où nous avons pris l'habitude de nous retrouver. Un jeune homme, au visage déjà marqué par la vie, nous apostrophe poliment, à la recherche de quelque menue monnaie. Sans se poser la moindre question, comme un geste naturel maintes fois répété, Lamine met la main à la poche, le regarde fraternellement, lui file quelques pièces : « Je suis désolé, frérot, j'ai pas plus. Tiens, tu veux une clope ? » L'homme accepte et le remercie. Lamine échange quelques phrases avec lui, s'enquérant de savoir s'il a un endroit pour dormir ou s'il a mangé aujourd'hui, sans la commisération humiliante du bourgeois qui veut s'acheter une bonne conscience à peu de frais. Ce qui m'étonne le plus, ce n'est pas tant le geste lui-même que son évidence. Je n'ai pas besoin de parler, Lamine comprend ce qui me passe par la tête : « Je supporte pas l'injustice, des SDF, j'en vois dix par jour, mais mon indignation est toujours la même. Même quand je vois un pigeon blessé, ça me fait mal, j'ai envie de faire quelque chose pour lui. C'est global en fait, quand tu refuses l'injustice, tu es du côté des pauvres, des victimes du racisme, des femmes, car le sexisme et le patriarcat n'ont pas disparu, des homosexuels en proie à l'homophobie. Tous ces combats sont indissociables. » Avec les stéréotypes que j'ai dans la tête, j'imagine aisément des quartiers populaires où homophobie et sexisme seraient monnaie courante. Lamine me fait douter et c'est bien.

Notre conversation divague agréablement. Lamine en vient à me demander ce que je ferais si je gagnais au loto : « Un tour du monde », dis-je sans réfléchir. Sa réponse, Lamine y a déjà réfléchi, avec un projet élaboré : « Moi, si je gagnais des millions, je créerais un vaste réseau pour venir en aide aux femmes battues. On aurait des dizaines de bagnoles et de camionnettes et un numéro d'urgence. On viendrait chercher les meufs et on les ramènerait dans des hôtels où on paierait des chambres en permanence. On les aiderait dans leurs démarches jusqu'à ce qu'elles puissent être relogées ailleurs. » Que dire, sinon que je l'ai trouvé touchant ?

Où sont les femmes ?

Selon différentes sources policières, aujourd'hui, les femmes représenteraient à la louche à peu près un tiers du bloc. Chiffres grosso modo corroborés par les activistes du bloc : « C'est à peu près ça aujourd'hui, explique Zoé, qui se dit marxiste et féministe radicale, et ça a beaucoup augmenté ces dernières années, surtout avec l'arrivée de

Gilets jaunes, assez féminisés. Lorsque j'ai commencé à être vraiment active, il y avait dans le bloc un certain virilisme, on se faisait parfois bousculer par d'autres du bloc. Mais maintenant, c'est mieux accepté, ça a changé. »
« Pour moi, au doigt mouillé, les femmes, c'est même plutôt la moitié du bloc », estime une militante nantaise. « Quand j'ai rejoint le bloc, je suis d'abord allée avec des groupes composés de 10 à 20 meufs, raconte Zoé. Puis maintenant je vais dans des petits groupes mixtes. La non-mixité n'est pas un but en soi, elle est faite justement pour arriver à la mixité. »

« Au départ, le bloc, comme l'ensemble de la société, était marqué par un certain patriarcat. Les femmes organisaient l'intendance, soignaient les blessés, préparaient la bouffe pour après la manif. C'était un peu le repos du guerrier, explique une militante. Les femmes ne sont pas faites pour la guerre, c'était un peu l'idée. Maintenant, nous nous sommes affirmées. » Ce qui n'empêche pas qu'il y ait dans le milieu militant les mêmes dérives – quoi que probablement plus rarement que dans le reste de la société – : drague lourdingue, harcèlement, voire violences sexuelles.

Justine, 27 ans, qui prépare un master de droit public à Toulouse, ne s'est jamais, dit-elle, vraiment posé la question : « Dans le bloc, je ne me suis jamais sentie rejetée en tant que femme. » Elle fait aussi partie d'un petit groupe antifa où il y a « autant de femmes que d'hommes ». Apprêtée et élégante, on l'imagine *a priori* assez mal vêtue de noir et s'affrontant avec la police. Elle s'étonne que je m'en étonne : « Les activistes du bloc se disent féministes autant qu'anticapitalistes, on considère les femmes comme une catégorie discriminée, au même titre par exemple, que les non-Blancs. Féminisme, antifascisme et anticapitalisme sont indissolublement liés. »

Une grande différence avec leurs lointains ancêtres, les autonomes des années 1970 : « Chez nous, il y avait des militantes femmes, raconte un ancien. Mais c'est vrai, elles n'étaient pas en première ligne. La baston dans les manifs, c'était nous les mecs, il ne nous venait même pas à l'idée que des femmes y participent. Elles, c'était plutôt l'intendance, quand j'y repense. Finalement, il y a eu la même évolution à l'extrême gauche que dans la société dans son ensemble. »

10.

Mais que fait la police ?

Quand flics et black blocs sont d'accord (le mythe du flic casseur)

« Le flic qui casse, ça n'existe pas. Il faut arrêter de croire que tous les policiers se connaissent. Un flic casseur pourrait se faire arrêter comme n'importe quel manifestant qui commet un délit. Une fois embarqué, ce serait garde à vue, procès, avec la circonstance aggravante de faire partie des forces de l'ordre », estime un policier. Et, ajouterais-je, puisque mon interlocuteur n'a visiblement pas envie de mettre les pieds dans plat, les rancœurs entre différents services sont telles qu'il ne serait pas forcément déplaisant aux CRS de mettre au ballon un collègue des renseignements... « Le risque pour un policier de faire cela est bien trop important », insiste notre homme.

« C'est un fantasme délirant et récurrent, estime également un autre interlocuteur. D'abord parce que le pouvoir n'a aucun intérêt à provoquer des émeutes qui pourraient lui échapper, et ce serait pour un flic le risque énorme de se faire cramer et sévèrement corriger par la foule... et vu la répression, de se prendre un tir de LBD 40, au risque de la mutilation. » Deux avis totalement convergents, venant pourtant de deux camps totalement opposés : le premier est Frédéric Lagache, secrétaire général adjoint d'Alliance, le plus droitier des syndicats policiers. Le second est un activiste du bloc qui conspue et combat la police. Étonnant consensus entre deux figures ennemies.

La croyance est pourtant répandue. Quand je discute au zinc d'un bistrot et que j'explique que je suis en train d'écrire un livre sur les black blocs, la première question qui vient spontanément aux sympathisants de gauche (la plupart des gens de mon quartier !) est toujours la même : « Mais en fait, les black blocs, c'est des flics qui font déraper exprès la manif, non ? » J'ai beau argumenter, expliquer que rien ne laisse penser ça, je reçois en réponse au mieux une moue sceptique, au pire l'accusation infamante d'être honteusement pro-flic. Ébranler une croyance chevillée au corps est impossible. Je me souviens de ce copain qui m'affirmait : « Mais j'ai vu des images, moi, de mecs qui cassaient et mettaient leurs brassards de police ensuite. À l'hôpital Necker, y a un mec qui cassait quelques vitres et a remis son brassard de police juste après. » On croit souvent avoir vu ce que l'on n'a pas vu mais qui arrange des certitudes bien établies. Je montre à mon copain les images en question où l'on ne voit rien de tel. Pas de quoi ébranler la croyance : « Ouais, là effectivement, mais j'ai vu plein d'autres images où des casseurs enfilent leurs brassards de police ensuite. »

Quelles sont donc ces images ? Effectivement, Internet regorge de vidéos censées montrer des black blocs remettant leurs brassards POLICE juste après avoir commis une exaction. Le 3 décembre 2018, France Info a fait réagir Audrey Colin, conseillère technique du syndicat de police Synergie Officiers, à certaines de ses images : « Des policiers en civil, il y en a dans toutes les manifestations [...] Ils sont là pour aller chercher les casseurs et les interpeller [...]. Il y a des policiers en civil, mais il n'y a pas de policiers en civil qui sont là pour casser. » Il y a sur ce point unanimité des syndicats de police mais certains ont cru voir dans les déclarations de Linda Kebbab, du syndicat SGP/FO, la reconnaissance implicite que la hiérarchie policière laissait délibérément les casseurs agir à leur guise, voire, par un raccourci bien hâtif, qu'ils leur prêtaient peut-être même main-forte. Le 29 novembre 2020, au journaliste de BFM Jean-Jacques Bourdin, elle déclare : « On a le témoignage de collègues qui disent que les black blocs sont arrivés, qu'ils enfilent la capuche, qu'ils descellent les pavés, s'installent. » Bourdin l'interrompt : « Attendez, là je comprends plus rien, les black blocs sont identifiés [par les services de renseignement], on sait qu'ils vont casser, qu'ils vont frapper des policiers, les blesser et on les laisse entrer dans les manifestations ? », s'indigne le journaliste, à qui il conviendrait de rappeler qu'en matière de libertés publiques, on ne peut interpeller quelqu'un sur la simple base d'une note anonyme des renseignements... et heureusement. Linda Kebbab lui répond : « On ne parvient pas à interpeller les black blocs, parce que l'ordre n'est pas donné au bon moment, notamment avant qu'ils n'intègrent les cortèges. » Pourtant, Linda Kebbab écarte clairement l'hypothèse du « policier casseur », le qualifiant de légende. « Il y a eu, à un moment, l'acceptation d'un certain désordre, poursuit-elle. Mais il y a aussi un problème juridique : on ne peut pas arrêter quelqu'un juste parce qu'il est habillé en noir. »

De fait, de toutes les très nombreuses images que j'ai visionnées, aucune ne démontre que des policiers ont participé à la casse. On y voit généralement des individus habillés un peu comme des black blocs, puis enfiler un brassard de police. Mais aucune image de l'un d'entre eux en train de dégrader quoi que ce soit. « On le sait, les flics essayent d'infiltrer le bloc, d'observer, d'essayer de repérer certains d'entre nous, explique un activiste du bloc. Donc ils s'habillent plus ou moins comme nous pour ne pas se faire détroncher, c'est assez logique. Mais dire que les casseurs sont en fait des policiers, c'est nier la véritable colère sociale et populaire, c'est nier jusqu'à notre existence. » Une seule photo, prise le 4 février 2019 à Paris, peut prêter à confusion : un homme avec un brassard, protégé par quatre de ses collègues, est devant une vitrine de banques qu'on voit brisée, et semble, de dos, donner un coup de pied. Coup de pied qui aurait donc cassé la vitrine. Mais quiconque a déjà observé des manifestants en train de briser une vitrine de banque sait parfaitement qu'il faut bien plus qu'un simple coup de pied pour en venir à bout. Même au marteau, il en faut des coups, et le plus souvent malgré un acharnement collectif, la vitre n'est que vaguement étoilée. Mais surtout, la photographe de presse qui a pris et publié ce cliché rectifiera sans ambiguïté, afin « de rester honnête et ne pas être la source de mauvaises informations » : « La vitrine a été cassée avant l'entrée de l'agent de la BAC à l'intérieur. »

Ces rumeurs de flics casseurs provoquent l'ire des manifestants radicaux. Le 15 février 2019, Paris-lutte.info, site collaboratif qui publie un agenda des manifestations et des écrits révolutionnaires, remet en ligne un texte de 2015 intitulé « Ce que vous faites réellement lorsque vous accusez les casseurs d'être des policiers ». Extraits :

> « Certaines tendances politiques ont pour fâcheuse habitude de propager des thèses paranoïaques dès qu'une situation échappe à leur contrôle.
>
> Ces derniers jours, réitérant une mascarade qu'ils nous ont déjà servie, c'est Mélenchon puis Olivier Besancenot qui ont pris la parole pour stigmatiser, dénigrer, et amalgamer les casseurs à leurs propres ennemis : les flics [...]
>
> Est-ce que porter une cagoule fait de toi un casseur ?
>
> Est-ce que casser des vitrines, des banques... fait de toi un flic ? Avec toutes ces accusations, tout cet amalgame entre policiers et casseurs, est-ce qu'on ne risque pas de priver les militants/manifestants de choisir leurs modes d'action ?
>
> C'est pourquoi nous nous demandons :
>
> Quelles preuves nous ont été données ?
>
> Y a-t-il des vidéos, des photos de flics en train de casser ?
>
> Aucune...
>
> Pourquoi les flics casseraient ils ?
>
> Est-ce qu'il est possible qu'un commissaire/préfet/ministre de l'Intérieur donne l'ordre à ses policiers de détruire des centres-villes, dans le seul but de "décrédibiliser" un mouvement ?

> [...] Est-ce que pendant un rassemblement/une manifestation, les énervé·e·s qui se (re)connaissent ont besoin d'inconnus pour les exciter contre le Capital, l'État, et ses sbires ?
>
> En clair, la colère et la rage sont suffisantes pour que les policiers n'aient pas besoin d'en rajouter.
>
> Il faut croire que pour Olivier et Jean-Luc, les gens ont si peu de raisons d'être en colère qu'il est improbable qu'ils choisissent des actions offensives pour manifester leur mécontentement... sans y être poussés par les keufs. »

Le champion hors catégorie de ces accusations sans fondement est sans conteste Jean-Luc Mélenchon. « Certains groupes ont un comportement un peu étrange : nous voyons, des gens qui, cinq minutes avant, jettent des pierres, et la minute d'après, ont un brassard [de police] », avait-il déclaré, dès 2010, sans preuve à l'appui, comme d'habitude. Vieille antienne complotiste reprise par Bernard Thibault, alors secrétaire général de la CGT qui parle de policiers provocateurs qui « violentent les situations en fin de manifs pour avoir des images chocs pour le JT de 20 heures et créer des climats de tension. » Médias et policiers, complices, s'adonneraient à des mises en scène dignes d'un réalisateur de fiction.

Pour cette gauche légaliste, il est inconcevable que de telles méthodes insurrectionnelles et violentes puissent provenir de radicaux de leur propre camp, une gauche révolutionnaire et illégaliste.

Dans cette partie de l'échiquier politique, la légende urbaine du flic casseur est ancienne. Elle remonte, au moins, aux années 1970. Coluche en parle dans l'un de ses sketchs, les désignant sous le terme d'« appariteurs ». Tout est parti, semble-t-il, de la grande manifestation des sidérurgistes du 23 mars 1979 à Paris. Le SO de la CGT affirme avoir interpellé un casseur, porteur d'une carte de police, un certain Gérard Le Xuan. Le syndicat médiatise l'affaire. Pour Georges Séguy, le secrétaire général de la centrale, c'est l'occasion rêvée de se dédouaner de toute responsabilité dans les violences de manifestations, et de quasiment nier jusqu'à l'existence même des autonomes, ravalés au rang de simples auxiliaires de police. Ainsi déclare-t-il : « Nous avons toujours eu la conviction que les prétendus autonomes étaient manipulés à des fins de provocation. Depuis vendredi, nous en avons la preuve irréfutable[1]. » Rien d'irréfutable pourtant : le fonctionnaire en question affirmera qu'il était là pour surveiller les casseurs, et non pour casser lui-même.

C'est la même rengaine depuis quarante ans, la même rumeur urbaine, jamais sérieusement étayée.

Le ninja

« Ça va, je ne vous ai pas fait trop mal ? demande le jeune homme au sexagénaire.

– Non, ça va, répond ce dernier. J'avais un peu mal au dos le lendemain, mais enfin, à mon âge, c'est assez courant.

1. Le Club de la presse, Europe 1, 25 mars 1979.

– Et votre fille, ça va ? J'ai vu, à la terrasse du café, elle en a pris des lacrymos, s'enquiert, apparemment sincère, le jeune homme.

– Non, non, rien de grave. »

Le sexagénaire ose une question : « Je voudrais savoir, c'est quoi l'idéologie qui vous pousse à la violence, je voudrais comprendre. » Le président de la cour, dont tout le monde semble avoir oublié la présence, interrompt, presque gêné, le dialogue amène : « Je vous rappelle que c'est moi qui dirige les débats, intervient-il. Là, ça se passe bien, mais nous sommes quand même dans un tribunal. »

Nous sommes le 14 novembre 2010. Le prévenu, G., est accusé de coups et blessures contre Bertrand de Quatrebarbes, la victime, à l'occasion d'une manif contre une énième réforme des retraites, le 16 octobre. Circonstance aggravante, le prévenu avait le visage masqué, ce qui est interdit. Quatrebarbes, qui a réclamé 500 euros de dommages et intérêts, précise qu'il reversera intégralement la somme au Secours populaire. G. est condamné à un an de prison dont six mois ferme.

La victime, un manifestant pacifique lors de cette journée de mobilisation, est blême : « Si j'avais su que ce jeune homme serait condamné à une telle peine, je n'aurais jamais porté plainte, me confie-t-il quelques jours plus tard. Mais la police m'y a fortement incité, me disant que c'était le seul moyen d'appréhender le "casseur". Moi, je considère que la casse discrédite le légitime combat contre cette réforme des retraites. Mais la peine est vraiment trop sévère. À quoi ça sert de mettre ce jeune en prison, à part le radicaliser encore plus ? »

Après le jugement, certains soutiens très radicaux de G. vont boire un verre au bar du palais de justice. Scène surréaliste que de voir ces activistes rejetant en bloc toutes les institutions de la République au milieu d'avocats, de juges et de procureurs. Entre eux, ils s'insurgent contre ce jugement « purement politique ». Je vais discuter avec le groupe. Je sais, par d'autres contacts à l'ultragauche, qu'ils sont particulièrement hostiles à la presse. Je m'immisce néanmoins dans la discussion. Je fais état de ma qualité de journaliste, comme je l'ai toujours fait en approchant ces milieux. Ils sont un peu interloqués. L'un d'eux semble stupéfait que j'aie le toupet de l'aborder, alors qu'il considère les journalistes comme des collabos. Mais il me reconnaît l'honnêteté d'avoir signalé ma profession. Il amorce un début de discussion : « Ce n'est pas nous qui sommes intéressants, c'est la cause que nous défendons, les sans-papiers, les opprimés, un monde plus juste. Dans cette affaire, intéresse-toi plutôt à ces salopards de Mélenchon et Thibault, ce sont eux les responsables de ce qui arrive à notre camarade. »

Petit flash-back : le 16 octobre 2010, à la fin d'une manif, un cagoulé, un plot à la main, s'acharne sur une vitrine de banque. Quatrebarbes, lui-même manifestant, est attablé à une terrasse de café. Il vient tenter d'empêcher le casseur de casser : « Mais qu'est-ce que tu fais ? Pas de violence ! », semble-t-il lui dire en substance. Un autre black bloc, G., arrive et dégage l'importun d'un geste impressionnant, presque esthétique et très télégénique, il faut bien le reconnaître : un saut digne d'un adepte d'arts martiaux, un coup de pied à l'horizontale.

Massés autour de la scène, des black blocs invectivent le pacifiste. L'excitation, à son comble, laisse craindre un lynchage. G. ramasse alors un bâton et semble écarter la foule, soucieux visiblement d'éviter un tabassage en règle. D'autres cagoulés s'amassent néanmoins autour du manifestant pacifique et le tancent, le bousculent légèrement pour le dégager. Mais Quatrebarbes reconnaît lui-même qu'il n'a pas été molesté, et que le seul but des radicaux était visiblement de le faire partir.

Filmée, la scène fait la une des JT. Le geste sportif de G., alors non identifié, lui vaut le surnom de « Ninja ». C'est alors qu'enfle une rumeur, alimentée par Jean-Luc Mélenchon et Bernard Thibault, le patron de la CGT : le ninja serait en fait un policier infiltré. Le black bloc est, comme son nom l'indique, un bloc, unitaire, une masse, un corps à lui tout seul, mais aussi, semblent l'oublier l'homme politique et le syndicaliste, une agglomération d'individus avec leurs particularités, leurs sensibilités, leurs émotions singulières. Pour Thibault et Mélenchon, il est inconcevable qu'un militant cagoulé, forcément mauvais, puisse être doté d'une quelconque empathie et sauver de la vindicte des autres activistes radicaux, armé de son simple bâton, un manifestant lambda, en dissuadant la foule de le violenter sévèrement. Une telle attitude ne peut venir que d'un policier. « Le "ninja" qui m'a frappé dans le dos ne m'a pas fait mal du tout, le coup n'était pas du tout fort », déclare Bertrand de Quatrebarbes. Cela suffit à Mélenchon et Thibault pour croire à une mise en scène et à en déduire que le ninja est en fait un policier infiltré.

À son procès, le ninja – en réalité militant d'ultragauche – affirme avoir voulu protéger sa victime : « J'ai vu monsieur intervenir, et j'ai vite compris, comme je participe souvent à des manifestations, qu'il y avait un risque de lynchage. » Il dit que son coup de pied n'était pas destiné à faire mal, mais à éloigner Quatrebarbes, qui le croit volontiers : « Sur le moment, je n'ai pas perçu qu'il ait cherché à me défendre, mais je suis content que ce soit le cas. »

Maître Bedossa, avocate du ninja, tient, non sans raison, le syndicaliste et le dirigeant politique pour responsables de l'interpellation de son client : « S'il n'y avait pas eu cette photo et l'intervention de Mélenchon et de Thibaut, on n'en serait pas là. » T., un ancien policier des renseignements généraux qui suivait la mouvance d'ultragauche à l'époque, abonde dans son sens : « S'il n'y avait pas eu ces rumeurs de policier infiltré, il est évident qu'on n'aurait jamais cherché à le trouver pour des faits aussi bénins. » Ironie de l'histoire : le casseur de la vitrine de banque n'a jamais été identifié : « On ne l'a pas recherché aussi activement », explique le même policier. La police devait prouver qu'aucun de ses fonctionnaires n'agissait comme les black blocs.

Les affirmations fantaisistes de Mélenchon ont donc eu pour seule conséquence la condamnation à un an de prison dont six mois ferme d'un militant black bloc, qui a eu peut-être, en l'occurrence, pour seul tort d'avoir protégé un homme d'un possible lynchage en règle.

11.

Tout le monde déteste les médias

Pervers jeu de miroir

Un pervers jeu de miroir s'est installé entre les médias et ces révolutionnaires exaltés : craignant d'être identifiés, ces derniers repoussent, parfois sans ménagement, les caméras. Surtout celles des chaînes d'info qui, selon eux, s'adonnent à un spectacle et un récit médiatiques bien loin de la réalité. Sur ce point, difficile de leur donner tort : les médias colportent à leur sujet bon nombre d'inepties. Mais les black blocs alimentent eux-mêmes ces déformations de la réalité. Rejetant les journalistes et refusant tout contact, ils contribuent à l'incompréhension du phénomène, aux fantasmes les plus diabolisants, quand ce n'est pas à une franche hostilité.

Rien de plus ambigu que leur rapport avec cette profession. Rejetés, mais finalement indispensables. Dans un spectacle, il faut être plusieurs, chacun dans son rôle. Entrant dans leur logique de combat violent contre le capitalisme, j'ai souvent fait cette remarque aux black blocs, sans obtenir de réponse vraiment convaincante : « Vous savez bien que casser une banque ne va pas faire s'écrouler le capitalisme. Vous dites que c'est une violence symbolique, dans l'espoir d'une prise de conscience générale. Mais dans votre logique, cette violence symbolique doit être vue du plus grand nombre, donc médiatisée. » Souvenons-nous de ce que nous disait, plus haut, un ancien black bloc : « Il y en a plus d'un qui, en rentrant chez eux après une manif, allument BFM TV pour voir le spectacle filmé des affrontements et des violences. »

Filmer les black blocs en action n'a rien d'une promenade de santé. Je l'ai fait à plusieurs reprises, notamment en 2016, au cours de la contestation contre la loi travail. Mieux vaut avoir déjà des contacts, quelques mains à serrer ostensiblement parmi le cortège des radicaux pour montrer que l'on est accepté de certains. Le cassage de caméra, l'intimidation ou l'éjection *manu militari* de journalistes n'est pas rare, sans toutefois aller jusqu'au tabassage en règle. Dans mon cas, ce n'est jamais allé au-delà de l'avertissement verbal mais intraitable. Je me suis néanmoins fait quelques frayeurs. Deux anecdotes. Un jour, place de la Bastille, des manifestants jettent des projectiles sur la police. Je filme, discrètement, de loin, de manière à ce que les émeutiers soient inidentifiables. Impossible évidemment en pareil cas de demander l'autorisation. Je m'assieds sur le côté, faisant mine de me reposer, mais, négligemment posée sur mes genoux, la caméra tourne. Mais un des hommes en noir repère mon petit manège. Il vient à ma rencontre et m'apostrophe : « Je sais que tu filmes. » Inutile de le prendre pour un imbécile et de nier.

« Écoute, j'ai filmé de très loin, je te promets que personne n'est identifiable. Mais OK, si tu veux, là, je coupe la caméra [ce que je fais devant lui].

– OK, tu t'arrêtes et tu vas ailleurs. Je sais que tu ne nous veux pas de mal, et je suis pas du genre à péter une caméra, mais là je te le répéterai pas deux fois. »

Je m'exécute, le gars me laisse partir tranquille.

Autre anecdote, amusante cette fois-ci. Cela se passe boulevard Beaumarchais à Paris, près de la place de la République. Je filme le cortège de tête et les affrontements sporadiques quand je vois tout à coup un colosse à la carrure de rugbyman s'avancer d'un pas décidé dans ma direction. Aïe, aïe, aïe, ça ne sent pas bon. Je baisse ma caméra et cesse de filmer. Arrivé à ma hauteur, le type me tend la main : « Salut, Thierry, ça va ? » Je ris sous cape : « Oui, ça va et toi ? Mais tu es cagoulé, je ne sais pas qui tu es !

– Tu veux mes papiers aussi ? », ironise mon interlocuteur.

Il repart. Je n'ai jamais su qui était ce type.

Le jeu des médias couvrant les manifs est on ne peut plus pervers : les journalistes des chaînes d'info guettent l'arrivée des black blocs, espèrent leur venue. Une manif pépère avec interviews classiques des dirigeants, c'est tellement ennuyeux, tellement moins spectaculaire ! Quoi de plus prenant et enivrant que le corps-à-corps entre deux blocs noirs, une masse suréquipée, puissante et lourde, et un assemblage de corps mobiles, agiles et virevoltants ? Qui va gagner ? Combien y aura-t-il de policiers blessés ? De vitrines de banques cassées ? De bavures policières ? D'interpellations ?

Et puis, pour les chaînes d'info, il faut bien meubler. L'absence de black blocs et de combats est désespérante. Comme ces matches de foot barbants qui, dès les premières minutes, sentent à plein nez le 0-0, et dont les commentateurs feignent de s'enthousiasmer à chaque action anodine. Il faut combler le vide, maintenir un faux suspense, laissant augurer d'une possible rupture de rythme, de la possible survenue inattendue d'affrontements. Remplir les directs qui s'enchaînent quand rien ne se passe en trouvant quelque chose à raconter relève du grand art. Il faut parler à tout prix, au risque - et c'est très souvent le cas -, de raconter n'importe quoi. « Tous les restaurants de l'avenue ont été mis à sac », commente une journaliste d'une chaîne d'info après une manifestation contre la loi sécurité globale, début 2021. Je suis étonné, j'ai assisté à cette manif, au plus près du bloc, et je n'ai pas vu de telles scènes. Pour en avoir le cœur net, le lendemain, je refais le parcours de la manif. Pas un restaurant, pas un café n'a été dégradé.

Les chaînes d'info envoient aussi sur le terrain des journalistes qui n'y connaissent rien. Le plus drôle des commentaires stupides qu'il m'ait été donné d'entendre est celui de cette malheureuse jeune journaliste inexpérimentée commentant une manif anti-loi travail, où les black blocs avaient été très actifs : elle parle des « blocs identitaires, ces jeunes habillés de noir qui affrontent la police », ajoutant que des manifestants avaient essuyé « des tirs de kalachnikov », au lieu de tirs de LBD 40. Sur ce dernier point, on lui fera crédit d'un lapsus comme tout le monde peut en commettre. Sur le premier, il s'agit d'une confusion majeure, le Bloc identitaire étant un mouvement d'ultradroite, ennemi juré des radicaux du bloc ! En plateau, Ruth Elkrief, journaliste qui a roulé sa bosse s'il en est, ne corrigera aucune de ces deux erreurs. Pis, le sujet repassera en boucle toute la nuit, sans que personne, au sein de BFM, ne s'aperçoive de ces énormités. Mais la palme des absurdités médiatiques revient à cette autre jeune journaliste qui, en direct lors d'une manif à Nantes - où les black blocs sont très actifs, mais où cette fois-ci il ne se passait rien -, a relaté cette information capitale : « Des manifestants ont mis le feu à des herbes sèches. » Hors catégorie, records pulvérisés !

Les barbares à l'assaut d'un hôpital pour enfants

Ce jour-là, en cette mi-juin, le temps est maussade et l'atmosphère orageuse, dans tous les sens du terme. Cela fait plusieurs semaines déjà que les affrontements entre le cortège de tête et les black blocs sont devenus presque systématiques. Je suis, caméra à l'épaule, la marche contre la loi travail avec une équipe de street medics[1], deux hommes (dont l'un n'a que 16 ans) et deux femmes. Malgré des affrontements, notre journée est plutôt calme, les medics soignent quelques malaises

1. Les street medics sont des militants qui, soit ayant des notions de secourisme, soit des élèves d'école d'infirmier(ères) ou des étudiants en médecine, prodiguent les premiers soins d'urgence aux manifestants blessés.

dus aux lacrymos et quelques bobos sans gravité. En fin de manif, épuisés par les kilomètres parcourus, nous ne résistons pas à la tentation de boire un verre. L'ambiance est joviale et nos conversations sympathiques. Soudainement, Marco, l'adolescent de 16 ans, change de mine. Bronzé quelques secondes auparavant, son visage semble soudain blafard. « Vous voulez une mauvaise nouvelle ? », nous interrompt-il gravement. Forcément, ça casse un peu l'ambiance guillerette. « Des black blocs ont saccagé l'hôpital Necker. » Nous sommes tous consternés. Les medics sont abattus. En journaliste que je suis, je demande si la source est fiable. « C'est partout, sur l'AFP, les journaux, les chaînes d'info », rétorque-t-il, visiblement très choqué. Saccager un hôpital, qui plus est un hôpital pour enfants, aucune cause ne peut justifier une telle saloperie. Siroter une boisson en terrasse nous paraît soudain incongru. Nous tournons tous les talons, dégoûtés, sans même vraiment nous dire au revoir. Je reste néanmoins sceptique sur cette information. Je ne l'imagine pas complètement fausse, mais *a minima* très exagérée.

Les chaînes d'info relaient l'information en boucle. Des soignants, très choqués, sont interviewés. « C'était très impressionnant », explique une psychologue de Necker. « Partout sur le sol des bouts de béton arraché, du verre brisé et une pluie qui tombait sur les CRS et les gendarmes », commente France 2, images à l'appui. Les politiques, indignés, s'en mêlent : invité au JT de France 2, Bernard Cazeneuve, le ministre de l'Intérieur, rappelle que, la veille, le 13 juin 2016, un terroriste a tué deux policiers à Magnanville, devant leur enfant, âgé de 3 ans, et que le gamin, traumatisé, est justement hospitalisé à Necker. Une manière, dans l'inconscient collectif, d'associer les black blocs à ce crime ignominieux. Manuel Valls, le Premier ministre, menace même d'interdire les manifs.

France 2 parle ensuite d'une « quinzaine de vitres brisées ». Pris d'empathie pour les soignants et les enfants malades, je suis un peu rassuré : en entendant le terme « saccagé », j'avais compris que des militants avaient pénétré dans l'hôpital et détruit du matériel, voire molesté des soignants. En quelques heures, on est passé d'un vandalisme ignoble à des bris de vitres. Le reportage montre des images violentes, très spectaculaires, d'affrontements entre les cagoulés et les forces de l'ordre, précisant que ces incidents ont eu lieu devant l'hôpital.

Il doit être aux environs de 21 heures lorsque mon portable sonne. C'est mon copain reporter Laurent Bortolussi. Un sacré bonhomme, qui a roulé sa bosse : vingt-huit ans de manifs au compteur à l'époque. Difficile de suivre une manif sans le voir débarquer avec sa grosse cylindrée, sa caméra et son équipement défensif, casque, lunettes et masque à gaz, puis se plonger à toute force dans la mêlée. Une tête brûlée. Son agence, Line Press, est connue et plutôt appréciée des militants. Elle diffuse les images les plus spectaculaires des violences de manifestation, au plus près des radicaux. Je décroche, même pas le temps de saluer Laurent, visiblement hors de lui, hurlant sa colère : « C'est de la désinformation, une honte. Ça tourne en boucle sur toutes les chaînes d'info. J'étais là, les black blocs n'ont jamais attaqué l'hôpital, les affrontements se sont déroulés sur le carrefour, à cent mètres de l'entrée de Necker. Sur le côté, et pas sur la façade elle-même, y a juste un mec qui a cassé trois ou quatre vitres - et non "une quinzaine" -, peut-être qu'il ne savait même pas que c'était un hôpital. Pendant une heure, les radicaux ont affronté la police, mais ce n'était pas devant l'hôpital. » Je crois volontiers Laurent, journaliste amoureux des faits, rien que les faits. Il diffuse ses vidéos sans aucun commentaire, filmant de dos les cagoulés pour éviter tout risque d'identification. « Donne-moi tes contacts sur les chaînes d'info, je suis prêt à passer sur les plateaux pour rétablir la vérité des faits », poursuit-il. Je le rencarde, il passe des coups de fil. Quand il dit qu'il est témoin de la scène, les chaînes d'info, enthousiastes, sont prêtes à l'interviewer dans l'heure. Quand il raconte ce qu'il a vu et dément tout ce que médias et politiques ont raconté, c'est un poli « On vous rappellera ». Personne ne le recontactera. Que répondre ensuite aux militants d'ultragauche qui nous accusent, nous journalistes, de désinformation, voire de relayer la propagande du gouvernement ?

Le récit de Laurent est corroboré par le témoignage de la photojournaliste Valentina Camu. « Le bloc était là-bas, à cent mètres, au carrefour. Moi je m'étais réfugiée devant ces vitres, pour récupérer de l'effet des lacrymos. Là, j'ai vu un mec, qui ne venait pas du bloc, mais de l'autre côté, qui s'est mis à casser trois ou quatre vitres. Un militant lui a dit d'arrêter et il est reparti. » D'un saccage, on est passé à un type qui casse quelques vitres. Cette version est incontestable, une vidéo prise par un journaliste du *Monde* l'atteste. Dans les jours qui suivent, les médias rétablissent la vérité. Mais le mal est fait : dans l'esprit du grand public, les black blocs sont des criminels capables d'attaquer un hôpital pour enfants. Un mensonge éhonté que continuait d'asséner, deux ans plus tard, Guillaume Farde, exaspérant consultant en sécurité qui officie sur BFM, et dont on se demande bien quelle est la légitimité. Sûrement pas la vérification rigoureuse d'une information en tout cas.

Journaliste et convoqué à la brigade criminelle

L'affaire de l'incendie de la voiture du quai de Valmy qui a ouvert ce livre a été pour moi l'occasion d'expérimenter personnellement cette acrimonie de certains radicaux. Pour la première fois de ma carrière, je me suis retrouvé au centre d'un dossier criminel particulièrement sensible.

Je n'ai jamais rencontré Antonin Bernanos, le principal suspect lors de cette affaire, mais j'ai des contacts avec certains de ses « camarades » de l'AFA (Action antifasciste Paris-Banlieue). Antonin Bernanos, qui clame haut et fort son innocence, risque la prison ferme, ses soutiens sont affolés. Les enquêteurs visionnent minutieusement toutes les images diffusées sur les chaînes de télé ou sur les réseaux sociaux. En dehors du policier témoin, ils avancent comme preuve la couleur de son caleçon orange.

Je contacte alors l'avocat d'Antonin Bernanos, maître Hugo Lévy, pour avoir sa version des faits, faute de pouvoir joindre l'intéressé, incarcéré en préventive. Au cours de la discussion, je ne sais trop pourquoi, je lui dis que j'ai des rushes qui n'ont pas été diffusés, du début de la manif sauvage jusqu'à l'attaque de la voiture, en continu. Il me demande si je peux les lui montrer pour qu'il voie s'il y a des éléments de nature à disculper son client. Je ne suis pas très chaud, je n'ai jamais transmis mes rushes à personne. Il insiste, certains des soutiens d'Antonin aussi. J'accepte finalement : après tout, si cela permet de disculper un innocent, ça me semble être un acte citoyen. Mais je suis très clair avec l'avocat : « OK, je vais vous les envoyer, mais surtout ne les utilisez pas sans mon aval. Et surtout, je ne veux pas que mes images permettent d'incriminer quelqu'un d'autre. » Mon travail de journaliste ne consiste pas à être un auxiliaire de police, c'est aux enquêteurs de faire leur boulot. Dans le principe, je veux bien disculper un innocent, mais pas aider la police à trouver un coupable. Sauf exception bien sûr, pour des actes gravissimes : un meurtre, un viol, une affaire de pédophilie, un attentat terroriste. Mais en l'occurrence, et le lecteur jugera si j'ai eu raison, je considère que l'attaque de la voiture de police n'entre pas dans de ces catégories et que je n'ai donc pas à aider dans ce cas précis les autorités.

Quelques jours plus tard, Me Lévy me rappelle, survolté : « Vos images innocentent clairement mon client », s'enflamme-t-il. Il dit avoir fait une étude très approfondie image par image. Je suis devant mon ordinateur, nous regardons simultanément et à distance. Il se lance dans une grande explication, arrêts sur images à l'appui, m'expliquant pourquoi cela disculpe son client. J'avoue que je n'y comprends rien, mais j'imagine que l'avocat sait ce qu'il fait. « Puis-je verser cette pièce au dossier » ? », me demande-t-il. Je lui redis que je veux vérifier que cela ne met en danger personne d'autre. Je veux m'en assurer auprès des soutiens d'Antonin. J'insiste sur ce point, et les militants semblent le comprendre parfaitement. Deux activistes s'occupent de très près du dossier Bernanos. « Oui, on va regarder de près et vérifier que ça ne met en danger personne », m'assurent-ils, avec une sincérité dont je ne doute pas. Malgré tout, j'hésite : qu'est-ce que je vais aller faire dans cette galère, comme disait Scapin ? Les deux activistes me rappellent : « C'est bon, on a tout vérifié, personne d'autre ne peut être mis en cause. » Malgré tout, je ne le sens pas. Les deux activistes insistent, je finis par accepter. L'avocat verse ces pièces au dossier.

Je suis alors convoqué comme témoin à la brigade criminelle. C'est la première fois que ça m'arrive et je n'aime pas du tout. Au commissariat, une policière m'interroge : « Dans quelles conditions avez-vous obtenu ces images ? » La réponse est pourtant évidente :

« Je suis journaliste, j'ai filmé.

– Nous aimerions avoir toutes les images que vous avez filmées ce jour-là, avant et après », me dit, franchement culottée, la policière. Je réponds que je n'ai filmé que ces deux minutes de toute la journée, ce qui est totalement invraisemblable. Montant encore d'un cran dans son toupet, elle me demande si je connais des personnes dans l'entourage de l'accusé, ou dans les milieux d'extrême gauche. Que je ne connaisse personne alors que je filme les black blocs depuis des mois n'est pas plausible. « Je connais une personne, qui me donne des informations sur ce milieu », rétorqué-je. Je lance cette phrase, stoïque et imperturbable... mais pour parler trivialement, c'est du gros foutage de gueule. Si je ne connaissais qu'une seule personne alors que je suis le bloc depuis plusieurs mois, je serais un bien piètre journaliste. Tout un jeu de dupes qui m'amuse intérieurement, dans lequel à son culot j'oppose d'insolents mensonges éhontés. Elle le sait mais ne peut rien dire, rien prouver. Elle n'en laisse rien paraître, mais je l'imagine quelque peu irritée. Du tac au tac, elle ose cette question, à laquelle il est pourtant évident que je ne répondrai pas : « Et qui est cette personne que vous connaissez dans les milieux radicaux d'extrême gauche ? » Je n'en reviens pas qu'elle ose me poser une telle question. J'invoque, comme tous les journalistes en ont le droit, le secret des sources. Elle fait un peu la moue, mais n'insiste pas. Elle y est allée au bluff et – je pense – a cru un bref instant que le pari pouvait marcher. Je la salue et quitte la brigade.

Mais par d'autres antifas proches de Bernanos, j'apprends que l'avocat et les deux activistes chargés du dossier se sont trompés : ce que j'ai filmé ne disculpe pas l'accusé. Je suis assez furieux : j'ai indirectement fourni à la police des éléments du dossier, ce que je n'ai pas à faire en tant que journaliste. Pourvu que l'avocat ne se soit pas trompé non plus sur le fait que ça ne pouvait mettre en cause personne d'autre. On m'assure que non.

Les deux activistes, qui sont allés un peu vite en besogne, se retrouvent blacklistés dans les milieux antifas.

La rumeur

Six mois se sont écoulés, le sujet que j'ai réalisé pour *Envoyé spécial*, « Nous sommes tous des casseurs », a été diffusé et a connu un certain succès d'estime chez beaucoup de militants[1]. Une anecdote m'a frappé : j'assiste à la manif du 1er mai 2017, sans caméra, en « mi-touriste, mi-observateur ». Un bloc se forme, et très vite des affrontements se produisent. Les CRS arrosent les manifestants de lacrymos. Coincé au milieu d'eux, j'en prends plein la figure. Je hurle ma douleur aux yeux, les picotements au visage et cette sensation d'étouffement qui me saisissent. Une femme du bloc, que je ne connais pas (ou ne reconnais pas sous sa cagoule), me tend un flacon de sérum physiologique, remède miracle pour les yeux. « Tiens, pour te remercier de ton sujet », me dit-elle, avec un sourire au visage au milieu de ce champ de bataille. Un sujet qui a paru honnête et aux black blocs et aux policiers, comme me l'ont dit certains syndicalistes, c'est plutôt rassurant.

Cette histoire de brigade criminelle me paraît un lointain souvenir. Jusqu'à ce coup de fil, un matin ensoleillé,

1. Néanmoins, le site Paris lutte.info dira tout le mal qu'il en pense, dans un texte paru le 21 mars 2017, me reprochant de « servir, consciemment ou non, la soupe à l'État » et de « participe[r] de l'immense farce médiatique consistant à renforcer encore un peu plus le discours policier », https://paris-luttes.info/sur-le-reportage-nous-sommes-tous-7754

à la fin de l'été 2017 : « Thierry, il faudrait qu'on se voie vite. » Ce militant d'extrême gauche, un vieux de la vieille qui manifeste aujourd'hui sans violence, est plutôt laconique. Apparemment, en tout cas pour lui, l'heure est grave. Je lui donne aussitôt rendez-vous dans un café. Nous nous attablons, et le gars, avec qui j'ai établi des rapports de confiance et de sympathie, s'approche de moi, soucieux de ne pas parler trop fort. Il murmure : « Écoute, il y a une rumeur qui commence à se propager. Certains disent que tes vidéos sont à l'origine de certaines arrestations, voire que tu es une balance. » Il a l'air réellement désolé, ce rendez-vous impromptu n'avait pas pour but de démêler le vrai du faux, simplement de me prévenir. Le gars me dit qu'il a plaidé en ma faveur, et qu'il tente de dégonfler cette affaire. Mais les on-dit sont toujours plus forts que les dénégations. Dans ces milieux où les journalistes font déjà, par principe, l'objet d'une suspicion de collusion avec la police, c'est vrai que se retrouver auditionné à la brigade criminelle avec certaines de vos images inédites qui ont atterri dans le dossier vous met dans une position à risque.

Je suis un peu inquiet mais finalement pas plus que ça : en interne, la mouvance d'ultragauche bruisse bien souvent de rumeurs malveillantes, de haines recuites, de rivalités absurdes et de guéguerres picrocholines. La groupusculisation est une maladie dans ce milieu. Ces noms d'oiseaux que se renvoient les différentes chapelles me paraissent complètement dérisoires, à l'heure où le danger d'extrême droite est bien réel et l'extrême gauche très faible. « Pour dix anarchistes, tu as vingt-cinq tendances », m'a un jour dit, en rigolant, un ancien du bloc. Les accusations de balance ou en tout cas de « collusion avec les flics » sont légion. Après tout, dans tout ça, les soupçons infondés contre moi seront vite oubliés. Erreur. Je suis journaliste, donc un intrus venant du cœur du système, suspect, forcément suspect.

Trois ou quatre semaines plus tard, le 21 septembre 2017, je vais filmer une énième manif. Presque la routine, sans la peur au ventre qui me saisissait les premières fois. Les activistes se sont plus ou moins habitués à ma présence, je fais presque partie du décor.

Ce 21 septembre donc, je n'ai *a priori* aucune raison d'être inquiet. Je viens tout juste d'arriver, et je filme, de très loin, le bloc qui avance. Tout le monde s'est cagoulé, aucun risque de rendre qui que ce soit identifiable. Puis tout à coup, j'entends au loin un cri : « C'est Thierry Vincent ! », en même temps que je vois quelques types courir dans ma direction. Je comprends que la fameuse rumeur a fait des ravages. Mais je reste à ma place, je vais m'expliquer, je n'ai rien à me reprocher. Les types arrivent à ma hauteur. Je tente de parlementer, mais un cagoulé me pousse. « Reste pas là, reste pas là, casse-toi », me dit-il, en s'interposant entre les plus virulents et moi. Un ou deux autres font de même, mais les plus excités redoublent de rage. L'un d'eux me donne un coup de poing à la figure. Je prends mes jambes à mon coup, je ne suis pas blessé, tout juste un peu mal à la tempe sans plus. Dans la presse, deux articles parlent de cette anecdote, racontant que j'ai été gravement blessé. Un journaliste anonyme déclare carrément que j'ai failli me faire lyncher. Ces excès médiatiques me fatiguent. Bientôt, on dira qu'un journaliste a échappé de peu à la mort... Quant aux mystérieux radicaux en noir qui ont tenté de me protéger, qu'ils en soient ici remerciés.

Un incident bénin pour moi, que j'oublie assez vite. Le 26 septembre 2017, je me rends au procès du quai de Valmy. À peine arrivé, j'entends mon nom scandé par des « totos » : « Thierry Vincent est une poucave [balance]. » J'ai été reconnu. Je vois des militants de l'AFA, intimes d'Antonin qui, eux, restent cois, gênés. J'en connais un certain nombre qui apprécient mon travail sur l'extrême droite, notamment, le documentaire « Violences d'extrême droite, le retour », diffusé en 2014 et faisant, entre autres, la lumière sur la mort de leur camarade Clément Méric. Je comprends que les invectives s'adressent autant à eux qu'à moi, eux qui ont osé parler à un collabo de journaliste. Je ne me sens pas bien du tout. D'abord parce que, pour un journaliste, passer pour un indic de flic est tout ce qu'il y a de plus infamant. Et puis je n'ai pas du tout envie que quarante excités me tombent sur le paletot. Par fierté, je refuse de partir, et je reste là, immobile, le plus impassible possible. Concentrer toute leur agressivité envers moi me semble assez absurde : à moins de deux mètres de moi se tient un caméraman notoirement proche de l'extrême droite, ancien élu du Front national. Lui peut filmer tranquillement, en sensationnalisant cette scène insolite, un poil flippante.

Je finis par partir, l'air faussement tranquille. Dans le couloir qui mène à la sortie, je croise un militant de l'AFA, qui, souriant, me serre la main chaleureusement, comme pour me montrer qu'il ne croit pas une seconde que je sois un indic. Mais « calomniez, calomniez, il en restera toujours quelque, chose ». Je crains que ce que je considère comme une atteinte à mon honneur ne laisse des traces. Un temps, j'évite un peu les manifs ou événements militants ; assez bêtement, j'ai réellement peur que cette immonde rumeur ait semé le doute. Petit à petit, je renoue avec des contacts dans le milieu radical. Des antifas proches d'Antonin me rassurent : « Mais laisse tomber, personne chez les gens sérieux ne croit que tu es une balance. C'est des totos, ils s'approprient l'histoire d'Antonin qu'ils ne connaissent même pas, nous aussi ils nous emmerdent. Nous on sait qui tu es. »

Moi et lui

Ça commence par un hasard extraordinaire, ces petites coïncidences aux allures de signes du destin qui font le charme de la vie. Lui et moi devions forcément nous rencontrer. Rien ne serait arrivé si, en cette glaciale aurore hivernale, j'avais eu du café chez moi. Mais rien, pas même le moindre de ces grains en poudre solubles insipides et peu ragoûtants.

Il n'est même pas 6 heures du matin et je m'engouffre sur l'avenue Simon-Bolivar balayée par les vents, dans mon 19e arrondissement, à Paris. Le soleil n'est pas près de montrer le bout de son nez, et de toute façon, l'absence d'étoiles dans le ciel laisse augurer d'une journée maussade. Dans la nuit noire, seuls quelques réverbères timides et déglingués permettent au passant de deviner son chemin. Peu importe, je sais parfaitement où je vais : à cette heure-ci, mon seul espoir de me rasséréner avec un café chaud se situe un peu plus haut, au carrefour de la rue de Belleville. Le bar Le Métro ouvre à 5 h 45, je connais trop le quartier pour ignorer que c'est le plus matinal. Je m'avance d'un pas rapide et décidé pour éviter l'engourdissement de mes membres.

Dans le bistrot, une drôle de faune éclectique, où se mêlent noctambules ivres et bruyants, et ouvriers avalant œufs durs et boissons chaudes avant d'embaucher. Deux mondes qui ne font que se croiser.

J'engloutis mon café, et malgré le froid cinglant, je m'aventure dehors pour fumer ma première cigarette de la journée. Je sors machinalement mon portable pour regarder mes mails. Un jeune gars aux allures de trentenaire vient poliment m'aborder : « Excuse-moi, dit-il en me tutoyant spontanément, est-ce que je peux t'emprunter ton portable une seconde ? » Voyant mon hésitation aisément compréhensible au vu de l'ambiance interlope des aubes hivernales, il tente de me rassurer : « T'inquiète pas, je suis pas du genre à chourer un portable. »

Je scrute le type. *A priori*, son attitude apaisée trahit davantage un réveil trop matinal qu'une nuit de fête trop longue. Et puis il a l'air plutôt sympathique.

Je lui tends lentement mon téléphone, comme pour gagner du temps et espérer quelque chose qui m'éviterait ce dilemme cornélien : la crainte de me faire blouser comme un bleu ou passer pour un goujat.

Je comprends rapidement qu'il se fiche de mon téléphone comme d'une guigne. Un simple prétexte pour m'aborder.

« Tu me reconnais ? », demande-t-il.

J'ai beau chercher, son visage ne me dit rien. Il est vrai que je ne suis pas physionomiste. Je reste bêtement bouche bée, un peu embarrassé.

« Je suis L. », me dit-il simplement.

Certainement qu'il connaît mon visage pour l'avoir vu dans mon reportage « Nous sommes tous des casseurs ».

L., l'homme que mes images auraient, selon les accusations de certains « totos », permis de confondre dans l'affaire de la voiture de police incendiée quai de Valmy, ce qui lui a valu quelques mois de prison avant d'être blanchi.

J'ai une certaine appréhension : j'imagine qu'il va me faire grief d'avoir laissé mes images apparaître dans le dossier. Devinant mon embarras, il esquisse un sourire sympathique et rassurant, je comprends vite qu'il n'a pas d'animosité. Amis, ennemis ? Toujours la même incertitude quand on approche ces milieux.

« J'ai vu ce qu'ils t'ont fait, que t'as été frappé lors d'une manif, qu'ils t'ont accusé d'être une balance. J'étais en taule à ce moment-là, et j'ai été vraiment désolé pour toi, j'ai trouvé ça tellement injuste. »

Il hausse un peu le ton, trahissant une indignation non feinte :

« Moi, j'ai lu tout le dossier, les soutiens d'Antonin étaient sur écoute. Donc tu apparais sur certaines écoutes. Je sais très bien ce que tu as dit. Alors, que ceux qui t'ont insulté la ferment. Tu ne voulais pas donner tes images. Tu as insisté pour être sûr que ça ne mettrait personne en danger, pas même les vrais coupables, tu as dit. Il y a une autre écoute où un militant en appelle un autre. Le gars dit : "P. insiste, Thierry veut pas donner ses images." Toi, t'as résisté, puis accepté, pensant disculper un innocent. T'as rien à voir avec mon arrestation. T'as été hyper-correct et je t'en remercie. »

L'homme me fixe un moment, sourire aux lèvres en voyant mon soulagement. Puis me salue chaleureusement et repart dans la nuit noire. Il me dit juste : « J'habite le quartier, on se reverra sûrement. »

Je suis content : l'homme dont on m'a accusé d'avoir contribué à l'incarcération me rend justice. J'ai bien fait d'oublier d'acheter du café la veille. Je n'ai jamais revu L.

Conclusion

Comment en finir avec les black blocs

Syndicats, policiers, gouvernements : tous aimeraient bien se débarrasser des black blocs et en revenir aux bonnes vieilles manifs d'antan. Des manifs qui ne sortaient pas du cadre prédéfini par une sorte d'accord tacite entre gouvernements et syndicats. Que les policiers veuillent à tout prix faire cesser les violences dont ils sont l'objet est aisément compréhensible. La croyance matraquée par la gauche classique, selon laquelle les violences des black blocs arrangeaient le gouvernement en discréditant les mobilisations est une vaste fumisterie : le désordre, l'explosion incontrôlée d'une rage populaire incontrôlable, même minoritaire, porte *in fine* préjudice au pouvoir. Qui osera dire que le mouvement des Gilets jaunes a profité à Emmanuel Macron ?

Ceux que la violence sociale et politique dessert le plus sont finalement les syndicats. Elle démontre de manière spectaculaire, visible et tangible, leur illégitimité à prétendre détenir le monopole des luttes sociales. Les dernières grandes mobilisations sociales - les Gilets jaunes et la loi travail - se sont déroulées sans eux, ou, tout au mieux en étaient-ils la remorque, plus que la locomotive. Alors ils s'enferment dans le déni, comme nous l'avons vu : les black blocs n'existent pas, ils sont manipulés par la police et l'État pour les discréditer. Nous ne nous attarderons pas ici sur ces foutaises, nous remarquerons simplement que ce n'est pas cette politique de l'autruche, débouchant sur de fantasques théories complotistes, qui leur permettra de combattre le phénomène black bloc.

Le pouvoir, lui, est totalement désemparé par ces nouvelles pratiques politiques et organisationnelles. Pas de structures, pas de chefs, pas d'organisation institutionnelle derrière les mobilisations, mais simplement des appels sur les réseaux sociaux qui se répandent comme une traînée de poudre. Alexandre, activiste radical de 20 ans, exprime de manière très claire ce qui, selon lui, constitue la force du bloc : « Quand tu vois tous ces mecs en noir, sans chef, sans représentant, sans personne d'identifiable, avec qui le gouvernement va-t-il négocier ? Dans une perspective révolutionnaire, c'est intéressant. » Alors le pouvoir, dont l'essence est d'être enfermé dans une vision verticale et hiérarchique de tout mouvement, s'agite frénétiquement dans tous les sens en étant incapable de sortir de ses schémas organisationnels. Il tente la dissolution, parfois très hasardeuse sur le plan juridique, de groupes contestataires radicaux[1], qui seraient

1. Le 25 janvier 2022, le ministre de l'Intérieur, Gérald Darmanin, a annoncé entamer un procédure de dissolution de *Nantes Révoltée*, un média contestataire radical. Mais les bases juridiques pour engager cette procédure sont bien minces, et le préfet de Loire-Atlantique lui-même a, chose rarissime, désavoué son ministre, estimant que la procédure pourrait contrevenir à la loi sur la liberté de la presse. Le syndicat national des journalistes CGT (SNJ-CGT) a ainsi signé une

derrière les violences. Des sortes de marionnettistes cachés des black blocs. Totalement inopérant. En désespoir de cause, il se livre à de grossières opérations de propagande, comme la fausse attaque de l'hôpital Necker.

Plus intéressant est le point de vue policier, car s'appuyant sur des observations de terrain. « La seule chose à faire, estime Frédéric Lagache, du syndicat Alliance, c'est améliorer le renseignement et taper en amont. » C'est-à-dire identifier les personnes considérées comme actives dans la mouvance, les ficher, les surveiller. Voire opérer des arrestations préventives, comme cela se fait parfois. Mais améliorer le renseignement et le judiciariser se heurte à de nombreuses difficultés. D'abord, sur le plan des libertés publiques : un simple renseignement (les anciennes fameuses « notes blanches » des ex-RG) ne peut suffire, et c'est heureux, à faire condamner quelqu'un. Ensuite, surveiller cette nébuleuse est dans la pratique très compliquée : comme j'ai pu le constater sur le terrain, le turn-over est très important chez les activistes du bloc. Entre les militants de 2016 – année de la contestation de la loi travail, et avec elle l'émergence massive de black blocs en France – et les militants d'aujourd'hui, ce ne sont souvent plus les mêmes personnes qui se cachent sous les cagoules. Le renouvellement du bloc s'opère comme par générations spontanées. Pour

pétition contre cette dissolution, de même que la ligue des droits de l'homme. À l'heure où j'écris ces lignes, cette procédure n'est toujours pas engagée.

quelques militants aguerris identifiés par une surveillance de plusieurs mois ou plusieurs années, ce sont dix nouveaux militants qui arriveront. Le black bloc est un phénomène profond, pas des groupes identifiables desquels il suffirait de couper la tête.

Très agacés par leur impuissance et celle des pouvoirs publics, les plus importants syndicats de police souhaitent des lois plus dures, permettant des arrestations préventives. « À quoi les black blocs se reconnaissent-ils ? s'interroge Frédéric Lagache. À leurs sweats noirs à capuche. On devrait pouvoir les interpeller sur cette base. Parfois, comme pendant le Covid, il faut savoir renoncer à certaines libertés pour en préserver d'autres plus fondamentales, dans ce cas précis, sacrifier la liberté de se vêtir en noir pour sauver la liberté de manifester tranquillement. » Dans la pratique, certains manifestants sont déjà interpellés sur ces seuls motifs et sans aucune base juridique : « C'est vrai que c'est un peu limite d'arrêter des gens parce qu'ils sont habillés en noir et ont sur eux des lunettes de piscine, reconnaît Linda Kebbab, de SGP/FO. Mais dans la pratique, on observe que ces gens-là sont très souvent des perturbateurs. » Des arrestations sur de simples observations au doigt mouillé en quelque sorte. Compliqué. Et plus que contestable

Et qu'en pensent les intéressés eux-mêmes ? « Tu sais, ce n'est pas de gaieté de cœur qu'on va manifester dans le bloc, m'explique Louis. Moi aussi, comme tout le monde, j'aimerais avoir une vie tranquille sans craindre d'arrestations, de blessures, de condamnations. Mais je ne peux pas rester les bras croisés face à ce monde si injuste. Il faut agir. » James, lui, est un militant plus aguerri. Je l'ai connu en 2010, lors de la mobilisation contre la réforme des retraites du gouvernement Fillon. Il avait 25 ans. À l'époque, il n'y avait pas véritablement de black bloc constitué, mais des éléments épars, masqués et vêtus de noir. Cela ne plaisait pas du tout à ses camarades radicaux qu'il discute régulièrement avec un journaliste. Il est le premier « casseur », pour reprendre le terme employé par les médias à l'époque, avec qui j'ai longuement parlé. Pendant les mobilisations, lorsqu'il me croisait avec ses comparses de manif, je ne le reconnaissais pas sous sa cagoule, mais il me faisait toujours un clin d'œil discret. Il m'expliquait à l'époque qu'un jour arriverait où ils seraient si nombreux à vouloir détruire le système qu'un monde meilleur surgirait. Il approche aujourd'hui la quarantaine. Il ne défile plus avec le black bloc (« J'ai passé l'âge », dit-il) mais a toujours, intacte en lui, la même rage qu'à ses 20 ans. C'est un écorché vif, avec des plaies que rien ni personne ne pourra jamais panser. Il vient de Montreuil, en région parisienne, et est issu d'une famille nombreuse gitane. Chez lui, le quotidien, c'était voler dans les magasins pour se nourrir, les huissiers qui déboulent dès potron-minet, et l'humiliation de ce père, en pleurs devant ses enfants, face à l'effrayante froideur de ces hommes en costume, aux visages immobiles comme des statues, sans la moindre expression, sans la moindre ride, la moindre cicatrice.

« En terminer avec les black blocs ? C'est très simple : il faut en finir avec ce système capitaliste dégueulasse. »

Simple, vraiment ?

Comprenant de lui-même la candeur et l'irréalisme de son propos, l'homme regarde vers le ciel avec gravité, comme pour pleurer ses illusions perdues devenues noire rage. Il prend une longue inspiration, puis lâche cette phrase, sortie du désespoir le plus profond de son être meurtri : « On nous prend pour des barbares, alors que dans le fond, nous sommes des humanistes. »

Table des matières

Composition et mise en pages
Nord Compo à Villeneuve-d'Ascq

CET OUVRAGE
A ÉTÉ ACHEVÉ D'IMPRIMER
SUR ROTO-PAGE
PAR L'IMPRIMERIE FLOCH À MAYENNE
EN AOÛT 2022

N° d'impression : 100925
Imprimé en France